Meister Eckhart

El libro del consuelo y conforte Divino

José Carte

Meister Eckhart

El libro del consuelo y conforte Divino

Tres Tratados del gran místico alemán
Maestro Eckhart

Desclée De Brouwer

Henao, 6 - 48009 Bilbao
www.edesclee.com
info@edesclee.com

Impreso en España – Printed in Spain
ISBN: 978-84-330-3279-9
Depósito Legal: BI-1056-2024
Impresión: Grafo S. A. - Basauri

Índice

Estudio preliminar: el maestro Eckhart

Meister Eckhart (1260-1328)

Este gran pensador místico medieval es una figura clave y de inmensa relevancia dentro y fuera de la Iglesia. Josef Quint destaca el hecho que Eckhart surgiera "en el otoño de la Edad Media", entre el final de una época y la crisis del comienzo de otra[1]. «Padre del misticismo de occidente», como lo definió el profesor Kurt Ruh, fue y es sin duda uno de los mayores místicos europeos y el fundador del pensamiento místico alemán, o 'misticismo renano'. Creador también de lo que ahora denominamos 'misticismo especulativo', es decir, basado en la argumentación filosófica, y en el caso de Eckhart, en la escolástica. Maestro de (al menos) dos grandes figuras que continuaron su obra y su mensaje: Johannes Tauler [Juan Taulero en España] –el maestro Iluminado– y el bendito Heinrich Suso [Susón, en España].

Eckhart de Hochheim [Hockheim] nació en 1260 en la zona de Turingia, Alemania, bien en Hockheim, o en Erfurt, o según los últimos estudios, en la ciudad de Tambach. De joven entró en la orden de los dominicos (OP= Orden de predicadores) en Erfurt. Probablemente, más adelante se trasladó a Colonia, donde habría estudiado escolástica en el noviciado, sobre todo los tratados de

1. 'Nachwort' en su edición de 'Das Buch der göttlichen Tröstung', p. 81.

Alberto Magno y Santo Tomás de Aquino. Pero creemos que en los años 1292-93 ya se había trasladado a París para estudiar Teología allí. Según Gerhard Wehr, de 1294 data el primer hecho del que tenemos constancia 'histórica': en la Semana Santa de 1294, el 18 de abril, al '*frater eckhardus*' (hermano Eckhart) le conceden el título de '*lector sententiae*' por la Facultad de Teología de París, por un trabajo de "master" acerca de las 'Sentencias' de Pedro Lombardo. Dicho título le hubiera permitido dedicarse a la docencia teológica y como dice Wehr, a ganarse la vida en la Facultad más importante de entonces[2].

Sin embargo, Eckhart no se queda en la capital francesa, sino que en 1294 lo encontramos de regreso en Erfurt, donde fue elegido prior de la congregación dominica allí y poco más tarde, vicario provincial de toda Turingia, lo que sin duda era un cargo importante dentro de la congregación.

Hacia 1298, escribe '*Reden der Unterweisung*', traducidos como 'Charlas o pláticas de Instrucción' para los novicios de la orden. Fue su primer escrito importante. Es interesante que al autor se le llame 'bruder Eckhart', 'vicario de Turingia y prior de Erfurt', o sea, todavía no 'Meister' (magister). Es en el año 1300 cuando recibe el título de 'Magister', es decir, profesor en Teología por la Universidad de París y en 1303, el título completo de '*Magister sacrae theologiae*'. Sin embargo, por vicisitudes políticas, el rey francés Felipe IV le expulsa del reino, muy posiblemente por no unirse en su estrategia y lucha contra el Papado de Bonifacio VIII.

Eckhart, ya como Meister Eckhart, regresa a Alemania y en 1304 es elegido provincial de la nueva provincia eclesiástica de Sajonia, cargo que ocupó durante siete años, hasta 1310. Nos dice Josef Quint que esa provincia era muy extensa y entraba en lo que es actualmente Holanda. En 1310 le eligen provincial para

2. Gerhard Wehr: *Meister Eckhart- Mystiche Traktate und Predigten*, E. Diederichs Verlag, 1999, pág. 10.

la provincia eclesiástica de Teutonia, pero el Capítulo general de la orden dominica, reunido en Nápoles, tumba el nombramiento.

En 1311 lo encontramos una vez más en París, enseñando de nuevo en su cátedra de Teología. En 1314 ocurre un hecho importante para entender a Eckhart. Abandona su cátedra en París –no sabemos bien por qué– y ese mismo año es nombrado vicario general de la orden dominica para todos los conventos de monjas de la Orden. Este trabajo a su cargo le hace moverse de convento en convento y entrar en contacto con los movimientos religiosos en Alemania: por una parte los movimientos de religiosidad popular como los "Amigos de Dios", también llamados "Hermanos del libre Espíritu"; y por otra, las corrientes de religiosidad femenina que habían nacido en los Países Bajos: las 'beguines', que eran damas seglares que comenzaron un movimiento de recogimiento, aunque no pertenecían a órdenes monacales. Los antecedentes de Matilda de Magdeburgo y Margarita Porete eran muy fuertes y habían dejado una gran herencia posterior en esas tierras. No recuerdo quién definió el movimiento de las beguinas como la primera corriente religiosa femenina en toda Europa (si descontamos las instituciones monacales de monjas)[3].

En 1314 va a Estrasburgo, donde comienza su etapa como director general del '*Studium generale*' (colegio universitario) y en 1324, se traslada a Colonia, con el mismo cargo para el 'Studium' de esa ciudad. No hay que olvidar la gran importancia de esa ciudad germana en la época.

3. Un movimiento paralelo fueron los beaterios en España.

Inquisición, muerte y condena

Aquí comienzan los problemas de persecución religiosa para Meister Eckhart. En esa época el arzobispo de Colonia era Enrique II de Virnenburg. Para entender el posicionamiento contra Eckhart que adoptó este hombre agrio hay que comprender el contexto político-religioso de esos años: a) el Papado de Aviñón. Entre 1309 (la época que nos concierne) y 1377, siete Papas consecutivos tuvieron su sede en Aviñón, lejos de Roma, siendo, en la práctica, peones al servicio del rey francés y, en los peores momentos, rehenes del monarca. Todo esto llevó a una debilidad del mandato papal en los territorios del Sacro Imperio; b) la eclosión de movimientos religiosos populares de los que he hablado antes: los "Hermanos del libre Espíritu", "los fraticelli", etc. Me parece que la debilidad del Papado en esta época llevó a la gente común a buscar alternativas religiosas más cercanas a ellos; c) la creciente lucha intestina entre las dos grandes órdenes religiosas en aquel momento: los franciscanos y los dominicos, que no dudaban en acusarse mutuamente de cometer herejía etc. Esta es la tesis del historiador de las religiones Marco Vannini[4], recogida por Maurice Walshe en su edición y traducción de Eckhart; d) a esto hay que sumar la brecha abierta dentro de la poderosa orden franciscana en esa época, entre los frailes monacales y no-monacales (*I fraticelli*); e) el poder de los Arzobispos. Durante la Edad Media y aún al final de ella, que es la época que nos ocupa, un Arzobispo era, de facto, un poderoso señor feudal pero que tenía atribuciones religiosas. Normalmente pertenecían a la alta nobleza, nombraban y quitaban altos cargos eclesiásticos, tenían potestad de convocar Cruzadas –con apoyo papal, claro– y en su cargo amasaban enormes fortunas, pues se quedaban con la parte del león de los diezmos recogidos por la Iglesia; y f) el creciente papel de la Inquisición, que se había creado

4. Marco Vannini: *Introduzione en Meister Eckhart, I sermoni latini*, Città Nuova, Roma, 1989.

en el sur de Francia a mediados del siglo XII, para luchar contra la herejía de los cátaros (o albigenses).

Quizá con ese telón de fondo y ese ambiente tan enrarecido y en ebullición religiosa, podamos entender el celo y hasta la saña con la que el Arzobispo de Colonia persiguió a Eckhart.

Pero volvamos a encontrarnos con Meister Eckhart. Estamos en 1325. Era casi inevitable que con sus enseñanzas poco ortodoxas y gnósticas se metiera en problemas tarde o temprano. Pues bien, en 1325, cuando Nicolás de Estrasburgo (legado apostólico del Pontífice) visita Colonia ese año, algunos (se dice que los mismos compañeros dominicos de Eckhart) acusaron al Maestro. Esta primera vez, en la investigación que se llevó a cabo, Eckhart salió bien parado porque el capítulo general de la Orden le protegió y Eckhart fue declarado inocente de los cargos de la acusación. Pero el Arzobispo Enrique II de Virnenburg no se quedó conforme y ordenó una nueva comisión de investigación doctrinal. Esta vez, dicha comisión encontró 49 proposiciones sospechosas de herejía, provenientes en su mayor parte del "Liber Benedictus", es decir, *El Libro del Consuelo Divino* y de su anexo, *De la Nobleza espiritual*[5].

Eckhart se defendió de las acusaciones con los mejores argumentos, pero a su vez acusó al tribunal de no entenderle y apeló también a los privilegios de la Orden de Predicadores (los dominicos) concedidos por Bula papal. No sirvió de nada; al contrario, en 1326, dicha comisión elevó a 59 las proposiciones sospechosas de ir contra la fe y esta vez la comisión añadió algo importante: que Eckhart había predicado en lengua vulgar, es decir en alemán. Meister Eckhart volvió a defenderse, de nuevo acusándoles, con razón, que su enseñanza no estaba siendo comprendida, pero esta segunda defensa no sirvió de gran cosa.

5. De hecho, la comisión doctrinal de acusación considera 'El libro del Consuelo Divino' y 'De la nobleza espiritual' como un solo libro: 'el Benedictus'.

Meister Eckhart debió pensar que las cosas no pintaban bien para él y debía conocer muy bien el funcionamiento de la Iglesia y en especial, la persona de Enrique II de Virnenburg, porque al año siguiente, el 13 de febrero de 1327, hace una declaración pública de fe, escrita y pronunciada con los inquisidores en mente. La defensa fue leída en latín por su secretario Conrad de Halberstadt; al concluir este, Meister Eckhart tomó la palabra y pronunció la misma declaración en alemán. La confesión termina con estas palabras: «si se encuentran proposiciones erróneas en relación a lo que yo he dicho, o escrito, o predicado, en privado o en público, en cualquier momento o lugar, directa o indirectamente, expresando una doctrina sospechosa o falsa, yo las revoco aquí, expresa y públicamente, ante todos los presentes»[6].

Sin embargo, casi coincidente con el anterior mensaje público, Eckhart se dirige directamente al Papa Juan XXII[7], expresando ante el Santo Padre que él se plegaría a la decisión papal. Tan solo nueve días después, Eckhart recibe aviso de que el Tribunal episcopal había rechazado su apelación al Papa[8]. Poco tiempo después, Eckhart, con un grupo de amigos y teólogos de la orden, sale hacia Aviñón. Pero el proceso contra Eckhart no se detiene. Simplemente cambia de lugar y continúa durante el resto del año 1327 y en 1328.

Finalmente, el 27 de marzo de 1329, se publica la Bula Papal *In agro dominico*. La Bula expone que encuentra **28 proposiciones sospechosas:** 26 escritas y 2 predicadas. Su dictamen final es que reprueba como heréticas las 15 primeras y las dos últimas, y las once restantes, hasta veintiocho, como sospechosas. La Bula define

---

6. Tomado de Marco Vannini, *Introduzione* en *Meister Eckhart. I sermoni latini*, Città Nuova, Roma 1989.
7. Josef Quint y Gerhard Wehr ofrecen la fecha de enero de 1327 para la misiva al Papa; como se ve, casi coincide con su declaración pública.
8. No es que el Papa rechazara la apelación sino que el Tribunal episcopal había cerrado esa vía de apelación y por tanto, no había lugar.

al Magister Eckhart como “un hombre confundido y equivocado”. Y para dejar las cosas bien claras a posibles seguidores o defensores de Eckhart, la Bula Papal amenaza que quien defienda cualquiera de los artículos mencionados será tratado como hereje[9]. Un claro aviso a navegantes porque ser definido como ‘hereje’ significaba la excomunión, el exilio, o la muerte.

Pero Meister Eckhart había fallecido ya para cuando se publica la Bula. Se cree que murió en la ciudad de Aviñón durante el año 1328. El estudioso alemán Gerhard Wehr afirma que Eckhart murió en los primeros meses del año 1328[10]. Hoy por hoy, no tenemos datos más concretos.

En 1935, el profesor alemán F. Pelster[11] publicó por primera vez todos los documentos del proceso contra Eckhart así como las respuestas y la defensa de este y después Josef Quint los recoge también en su gran edición de Meister Eckhart. En 1989, el académico Kurt Ruh, tras un estudio detallado y reposado de toda la documentación, llegó a la conclusión de que la condena no se debió tanto a cuestiones teológicas sino más bien a que Eckhart había predicado en lengua vernácula, es decir, en alemán, haciendo llegar al vulgo materias crísticas y de fe tan elevadas[12].

9. Un buen estudio de todo el proceso lo pueden encontrar en Karl Bihlmeyer-Hermann Tüchler: *Kirchengeschichte (3 bände)*, 1951-1964.
10. Gerhard Wehr: *Meister Eckhart- Mystiche Traktate und Predigten*, E. Diederichs Verlag, 1999, pág. 19.
11. F. Pelster: *Ein Gutachen aus dem Eckhart-Prozess in Avignon*, en Beiträgezur Geschichte der Philosophie und Theologie des Mittelalters, 35 (1935).
12. Kurt Ruh, *Meister Eckhart. Teologo - Predicatore - Mistico*, Morcelliana, Brescia 1989 [cito la edición italiana del original alemán].

Tras la desaparición del Maestro Eckhart

¿Y después de Eckhart? Pues la Iglesia consiguió, en gran medida, lo que pretendía. Está claro que la Iglesia condenó a Eckhart "por si acaso", como dice uno de los comentaristas de su obra: "no entendemos muy bien lo que dice este señor, ni sabemos bien si eso va contra la fe, pero por si acaso, vamos a condenarlo, y así de paso, lo ponemos de ejemplo de lo que no hay que predicar"[13]. También está meridianamente claro que con la condena a Eckhart, la Congregación para la Doctrina de la Fe dio un salto cualitativo en sus ataques contra cualquier sospechoso de herejía, pues fue la primera vez que se condenaba a un Maestro de Teología de la importancia y categoría del Maestro Eckhart.

En consecuencia, durante siglos el nombre de Eckhart queda olvidado y relegado, o, por lo menos, su nombre no se pronuncia. Lo que quedó de Eckhart fue lo que pasó a través de sus alumnos y seguidores Suso y Tauler, que fueron valientes en sus posiciones y tuvieron la suerte de no ser condenados por la Inquisición, con lo cual, sus escritos estaban "limpios". Más adelante, solo tenemos a los discípulos de Eckhart Johannes von Dambach ('Tambaco', 1289-1372) y a Gerard Groote (1340-1384), influenciado por Suso; y más tarde, en el siguiente siglo, a Nicolás de Cusa (siglo XV). A partir de ahí, si algo de Eckhart traspasó las barreras y el silencio fue a través de ellos. Y así se dice que pueden encontrarse influencias de Eckhart en San Juan de la Cruz. De hecho, se tiene constancia de que San Juan de la Cruz leyó la traducción al latín de Tauler realizada por Lorenzo Surio (en realidad, Lorenz Sauer o Saurer, un fraile cartujo alemán, 1523-1578).[14]

---

13. Palabras de este editor.
14. Véase la página web de los Dominicos en España: www. dominicos. org. Ir a la sección Recursos y allí vean: Sermones de Juan Taulero (Introducción).

A pesar de todo, su influjo sí quedó vivo en tierras de habla alemana. Eckhart tuvo un gran ascendiente en la mística y los místicos alemanes. Es indudable su influjo sobre Jakob Böhme (1575-1624) y aún sobre el último de ellos, ya bien entrado el siglo XVII, Angelus Silesius (1624-1677).

Rescate y rehabilitación del Maestro Eckhart

Como he dicho ya, tuvieron que pasar varios siglos de desconocimiento de la obra y la figura de Meister Eckhart hasta que comenzara el proceso de recuperación de sus escritos y de su mensaje. Esto ocurrió al final de la época del Romanticismo alemán, hacia 1820-30, cuando Franz von Baader, teólogo católico, descubre algunos de los escritos del Maestro Eckhart y, entusiasmado por lo que encuentra, dice acerca de él que fue «el más iluminado de los teólogos del Medievo». Hacia 1840-50, también el filósofo alemán Arthur Schopenhauer, lector atento, que había estudiado ya los Upanishads hindúes en las primeras ediciones en alemán, lee y descubre algunos sermones de Meister Eckhart y declara luego: «El Buda, Eckhart y yo enseñamos esencialmente lo mismo. [La diferencia es que] Eckhart lo hace dentro de la mitología y terminología cristiana». Schopenhauer confesó también: «Estos son mis compañeros espirituales: Eckhart y Tauler».

Por esa misma época –mediados del siglo XIX– Franz Pfeiffer, estudioso suizo del Medievo, que era a su vez encargado de los archivos de la Biblioteca real de Stuttgart, publica en 1845, en Leipzig, *Deutsche Mystiker des 14. Jahrhunderts I* (el primer volumen) y en 1857 *Deutsche Mystiker des 14. Jahrhunderts II, Meister Eckhart* (Leipzig). Este segundo volumen tuvo un gran éxito en la época y fue el libro que abrió el camino de todos los posteriores estudios acerca de Eckhart. El volumen sobre Eckhart contenía unos cuarenta sermones, varios Tratados ('Traktate', que ya quedarán con ese nombre), y el 'Liber Benedictus' junto con una bibliografía final. El libro recogía sobre todo la obra alemana de Eckhart. He leído varias críticas negativas sobre el trabajo de Pfeiffer, pero creo que se nos olvida que fue el primero que abrió el camino de la edición moderna de la obra de Meister Eckhart. Tampoco debemos olvidar que Pfeiffer tuvo que realizar un minucioso trabajo de búsqueda de manuscritos eckhartianos. Es cierto que después se ha investigado y descubierto que algunos de los considerados sermones de Eckhart por Pfeiffer, no lo eran en realidad y por tanto, se han descartado en posteriores ediciones, y también es cierto que Pfeiffer realizó bastantes lecturas erróneas de los manuscritos, que han sido enmendadas en posteriores ediciones.

En 1886, H. S. Denifle (de la orden dominica) publica un estudio de unas 140 páginas: 'Meister Eckharts lateinische Schriften und die Grundanschauung seiner Lehre', *ALKM*[15]. El estudio de Denifle será esencial para conocer la obra latina de Eckhart. El artículo, además, presentaba por primera vez (que yo sepa) documentos relativos al juicio y condena de Meister Eckhart.

De 1903 data una antología de escritos del Maestro Eckhart por parte de Hermann Büttner: *Meister Eckeharts Shriften und Predigten,* E. Dietrichs Verlag. Este libro no pretendía ser excesivamente riguroso ni exhaustivo, pero tuvo bastante éxito y llegó a muchos lectores en la Alemania de principios de siglo.

Ya en el siglo XX, dentro del proceso de recuperación de la obra y la enseñanza de Meister Eckhart, en la década de los años 1920-1930, aparecen varios trabajos interesantes:

1. Otto Karrer publica *Meister Ekehart spricht,* Erfurt, 1925 y al año siguiente: *Meister Eckehart: Das System seiner religiösen Leben,* München, 1926. En ambos libros mantiene la tesis de que Eckhart fue un tomista puro, es decir, un ortodoxo seguidor de Santo Tomás de Aquino. Quizá esos años no eran los más apropiados para hablar de gnosis y de mística y también hay que reconocer el esfuerzo de Karrer de hacer aceptable al Maestro Eckhart en esa época convulsa de la ascensión del Nacional Socialismo en Alemania.
2. En 1926 Rudolf Otto publica un libro para mí especialmente interesante: *West-östliche Mystik: Vergleich und*

15. ALKM: Archiv für die Literatur und Kirchengeschichte des Mittelalters, Berlin und Freiburg, 1886.

Unterscheidung zur Wesensdeutung. Leopold Klotz, Gotha, 1926 ('Mística de Oriente y Occidente'). Resalto este libro de R. Otto porque fue la primera vez que se saca a Eckhart de su contexto alemán y europeo y se ubica al Maestro Eckhart en el contexto de la espiritualidad del mundo. Otto, que había estado en la India y conocía bien el hinduismo, establece esta tesis básica: existe una gran analogía entre el misticismo de Eckhart y el Vedanta de Adi Sankara (o Shankara). Otto muestra que esta similitud es muy profunda, que existe un profundo paralelismo en la religiosidad de oriente y occidente. Otto explica que lo que Eckhart llama 'Gottheit' (la Divinidad), que es el Uno absoluto, vendría a ser idéntico a la Unidad no-dual (por encima de la dualidad y la diferenciación) postulada por el Vedanta Advaita de Shankara. Un punto (para mí destacable) que presenta Otto, es que tanto para Meister Eckhart como para Shankara, la mística se presenta como la forma suprema de la religión. Sin embargo, visto desde ahora –casi 100 años después– queda claro que Otto era un teólogo cristiano protestante y, al final, se inclinó por defender la superioridad de la mística cristiana.

Pero sigamos con los hitos del proceso de recuperación de Meister Eckhart. Si se puede decir que alguien dedicó su vida al rescate para la modernidad de la obra de Meister Eckhart, ese fue Josef Quint (1898-1976). Maurice O'Connor Walshe le dedica su edición inglesa de la obra completa de Eckhart[16] y yo también comparto la admiración por su trabajo. Desde 1932 casi hasta su muerte en 1976 (con el terrible intermedio de la Segunda Guerra Mundial) se dedicó a la investigación, recuperación y translación al alemán moderno de la obra medieval de Eckhart:

16. *The Complete Mystical Works of Meister Eckhart*, Herder & Herder P. Co, Nueva York, 2009, pág. VI.

Meister Eckhart, *Deutsche Predigten und Traktate. Deutsche Werke (DW),* München. En 4 volúmenes: I, II, III y V.

- Vol. 1: Meister Eckharts Predigten, Partes 1 y 2; 1955 (Parte 1) y 1958 (1-2)
- Vol. 2: Meister Eckharts Predigten, Parte 3, 1971.
- Vol. 3: Meister Eckharts Predigten, Parte 4, 1976.
- Vol. 4: Meister Eckharts Traktate, 1963.

Tras la muerte de Quint, el profesor Georg Steer ha continuado con la labor de publicar el resto de la obra de Eckhart y se ha publicado ya el volumen 4 que faltaba en la colección de escritos.

Eckhart universal

A. Rudolf Otto, 1926: *Mística de Oriente y Occidente.* Ya le he dedicado un sustancioso párrafo más arriba. No creo necesario añadir más.

B. Ananda K. Coomaraswamy publica en 1934[17]: *Transformation of Nature in Art,* en el que dedica un capítulo completo a Meister Eckhart. Coomaraswamy, en la introducción del capítulo, dice que Eckhart «resume y concentra en una coherente demostración el ser espiritual de Europa en su más alta tensión». Y más adelante, establece la relación entre Eckhart y el hinduismo: «Los sermones de Eckhart podrían muy bien llamarse los Upanishads de Europa. Eckhart presenta un paralelismo realmente asombroso con el modo de pensar hindú; muchos párrafos y pasajes y numerosas frases sueltas se pueden leer como traducciones literales del sánscrito[18]». Pero, para evitar malentendidos entre sus lectores occidentales, que pudieran creer que Eckhart había leído los Upanishads, Coomaraswamy aclara: «Por supuesto, no estoy dando a entender que elementos de la cultura hindú estén presentes en la obra de Eckhart, aunque sí que existen factores orientales en la tradición europea, que derivan de fuentes neo-platónicas y árabes. Lo que se puede probar a través del estudio de las analogías no es la influencia de un sistema de pensamiento sobre el otro, sino la gran coherencia de la tradición metafísica en el mundo en todo momento y en todas las épocas»[19].

C. 1947- La Filosofía Perenne. Muy en consonancia con lo dicho por Coomaraswamy, aparece en 1947, *The Perennial Philosophy* [La filosofía perenne] de Aldous Huxley, que tuvo un enorme éxito en la postguerra y es un texto que tiene valor aún hoy día.

---

17. A.K. Coomaraswamy: *Transformation of Nature in Art,* Harvard U. Press, 1934. Hay varias reediciones, la mía data de 2013.
18. Mi traducción del original.
19. Op. cit., pág. 201.

Huxley defiende la existencia de una corriente universal de la verdad filosófica, a la que denomina "Filosofía Perenne" y para probarlo presenta cientos de citas de las distintas culturas religiosas del mundo. Pues bien, en el libro se presentan al menos 33 citas de Meister Eckhart, uno de los autores con mayor representación en el número de citas. Asimismo, Frithjof Schuon, otro defensor de la filosofía perenne, y buen conocedor de la literatura mística alemana, solía citar a Eckhart con admiración.

D. 1957- D. T. Suzuki (1870-1966).

Daisetsu Teitaro Suzuki, que había pasado diez años en USA, trabajando junto a Paul Carus en la primera década del siglo XX, luego regresó a Japón y fue profesor de Budismo en la pequeña universidad de Otani en aquel país. D. T. Suzuki dedicó toda su vida a propagar el budismo zen en occidente. Ya anciano, publica *Mysticism: Christian and Buddhist*, George Allen & Unwin, 1957[20]. En este libro, aunque la presencia de Eckhart se deja sentir en todo el texto, los dos primeros capítulos están enteramente dedicados al místico alemán. Cito directamente: «considero a Meister Eckhart como representante del misticismo cristiano. Porque las ideas de Eckhart son las que más cercanas están al zen y al *shin*» [tomado del Prefacio]. Y ya dentro del primer capítulo: 'El Maestro Eckhart y el budismo', refuerza la misma idea: [con este texto] «quisiera llamar la atención del lector sobre qué cerca está el pensamiento de Meister Eckhart de la enseñanza del budismo Mahayana» (pág. 1). Y más abajo dice que al leer un librito de Eckhart [en realidad, las primeras ediciones en inglés de Miss Evans o de Blakney], se dio cuenta que «las ideas expresadas en él estaban tan cercanas a las enseñanzas budistas, tan cerca de verdad, que se podrían definir como viniendo directamente de las reflexiones budistas». (pág. 2). Más adelante, Suzuki destaca que tal como Eckhart dice en el

20. La edición que yo he usado: *Mysticism: Christian & Buddhist*, Routledge Classics, Londres y Nueva York, 2002.

Libro del Consuelo Divino, «lo creado, las criaturas, no tienen realidad; las criaturas son pura nada» y que la Divinidad (Gottheit) es la nada absoluta [ein bloss niht], el fondo de ser del que surge todo lo creado. Y termina esa parte de su argumentación diciendo que Eckhart está en perfecta concordancia con la doctrina budista de *sunyata* [vacuidad].

E. 1965- Shizuteru Ueda.

En realidad, existe un fuerte nexo de unión entre D. T. Suzuki (ver D) y lo que voy a citar ahora, ya que Suzuki (aunque no perteneció directamente a esa Escuela) fue contemporáneo y amigo de Nishida Kitaro (1870-1945), fundador de la 'Escuela de Kioto', que buscó unir la tradición budista japonesa con el acervo filosófico de occidente. Shizuteru Ueda, uno de los miembros más jóvenes de la Escuela citada[21], estudió en Kioto y se doctoró en la Universidad de Madgeburg en Alemania, en 1965 publica en alemán: *Die Gottesgeburt in der Seele und der Durchbruch zur Gottheit,* Gütersloh, Alemania[22]. En este profundo libro, Ueda destaca varios puntos de concomitancia y unión entre Eckhart y el zen: 1) "El nacimiento de Dios en el alma" del que habla Eckhart, es el salto hacia el despertar y la Iluminación que el hombre experimenta con la rendición de su ego; 2) Ueda, casi con las mismas palabras que Suzuki dice: «Eckhart se posiciona muy cercano al budismo Mahayana, la base filosófico-religiosa del budismo zen. De acuerdo con el Mahayana, ese despertar a la verdad, transforma a cada persona en el mismísimo Buda, es decir, convierte a cada individuo en el "Despierto", el Buda histórico, Gautama»; 3) Más adelante (páginas 99 a 139), Ueda se detiene y presta mucha atención a la noción de "Gottheit" (Divinidad) en Eckhart. Dice Ueda que para Eckhart la Divinidad

21. Ueda murió en 2019.
22. Ignoro si existe traducción al castellano. Pero en español quisiera citar el libro de S. Ueda: *Zen y Filosofía,* Ed. Herder, Barcelona, 2005. El segundo capítulo que compone el libro está dedicado a Eckhart y es casi un resumen del libro en alemán que les comento.

es algo sin forma, inconcebible (para la mente) e inexpresable, una "pureza inefable", diferente de Dios y que solo puede ser descrita como "nada". Para llegar a ella, el hombre (la persona) debe vaciarse de Dios, en un desierto de silencio ("Wüste der Gottheit"); 4) Más adelante, Ueda se centra en el Eterno-ahora ("das ewige Jetzt") del que habla Eckhart y expone Ueda que es idéntico a la concepción del zen del eterno presente. Voy a detenerme aquí, ya que es imposible resumir un libro tan profundo en unos párrafos. Baste con lo dicho.

¿La rehabilitación final del Maestro Eckhart?

Bastante avanzado el siglo XX, desde dentro de la orden dominica (OP) comenzaron a darse algunas iniciativas para la rehabilitación del Maestro Eckhart. En 1992, (casi 665 años habían trascurrido desde la condena de Eckhart) el órgano rector de los dominicos elevó una petición al entonces prefecto (director) de la Congregación para la Doctrina de la Fe, Joseph Ratzinger (que era alemán) para que se estudiara la posibilidad de levantar la condena contra Meister Eckhart, en vigor desde 1329. La respuesta de J. Ratzinger fue que el Maestro Eckhart no necesitaba ser rehabilitado ya que nunca había sido condenado y añadía que Eckhart era un teólogo respetado y que sus enseñanzas estaban en consonancia con la doctrina católica[23].

¿Fue esta una verdadera rehabilitación del Maestro Eckhart? Yo tengo mis dudas. Creo que la Iglesia echó balones fuera una vez más, en vez de reconocer su error de proceder contra Eckhart, incluso si la condena podía considerarse que era agua pasada.

Mucho más respeto y admiración me merece la decisión tomada en mayo del año 2000 por el Capítulo de la orden dominica de la provincia de Teutonia (Alemania), de pedir perdón y presentar esta aclaración acerca del pasado de la orden y su relación con la Inquisición. Este es el original de ese escrito:

> **Erklärung des Provinzkapitels 2000 der Dominikaner-Provinz Teutonia Dominikaner und Inquisition**
>
> Im Mai 2000 verabschiedete das alle vier Jahre tagende Provinzkapitel der Dominikanerprovinz Teutonia die folgende Erklärung:
>
> Deutsche Dominikaner waren nicht nur in die Inquisition verstrickt, sondern haben sich aktiv und umfangreich

23. Según Georg Steer: «Der Aufbruch Meister Eckharts ins 21. Jahrhundert», en *Theologische Revue* 106 (2010).

an ihr beteiligt. Historisch gesichert ist die Mitwirkung an bischöflichen Inquisitionen und an der römischen Inquisition. Unabhängig von den vielleicht manchmal nachvollziehbaren historischen Gründen für die Mitwirkung erkennen wir heute die verheerenden Folgen dieses Tuns unserer Brüder. Wir empfinden dies als ein dunkles und bedrückendes Kapitel unserer Geschichte. Dies gilt in gleicher Weise für die nachgewiesene Beteiligung des deutschen Dominikaners Heinrich Institoris an der Hexenverfolgung. Durch das Verfassen des „Hexenhammers" unterstützte und förderte er die menschenverachtende Praxis der Hexenverfolgung. Folter, Verstümmelung und Tötung haben unendliches Leid über zahllose Menschen gebracht; deutsche Dominikaner haben dazu, neben anderen, die Voraussetzung geschaffen. Die Geschichte dieser Opfer – namenlos und vergessen – können wir nicht ungeschehen machen. Wiedergutmachung ist unmöglich. Uns bleibt die Verpflichtung zur Erinnerung. Wir wissen, dass der Geist von Inquisition und Hexenverfolgung – Diskriminierung, Ausgrenzung und Vernichtung Andersdenkender – auch heute latent oder offen in Kirche und Gesellschaft, unter Christen und Nicht-Christen lebendig ist. Dem entgegenzutreten und sich für eine umfassende Respektierung der Rechte aller Menschen einzusetzen, ist unsere Verpflichtung, die wir Dominikaner den Opfern von Inquisition und Hexenverfolgung schulden.

Das Provinzkapitel fordert alle Brüder unserer Provinz auf, unsere dominikanische Beteiligung an Inquisition und Hexenverfolgung zum Thema in Predigt und Verkündigung zu Machen.

[Traducción]

Monjes dominicos alemanes estuvieron no solo implicados en la Inquisición, sino que actuaron de forma patente y extensiva. Está certificada su colaboración en inquisiciones promovidas por los obispos y en la denominada Inquisición romana. Independientemente de las justificaciones históricas para su participación, hoy reconocemos las consecuencias desastrosas de esas actuaciones de nuestros hermanos. Pensamos que esto es un capítulo oscuro y terrible de nuestra historia. Y esto vale igualmente para la colaboración demostrada del dominico alemán Heinrich Kramer en la persecución de las brujas. A través de su obra el *Martillo de las brujas* (Malleus Maleficarum), dio apoyo, respaldó y promovió ampliamente estas prácticas de extremado desdén para con las personas. Mediante las persecuciones a las brujas, con torturas, mutilaciones y amputaciones en vivo, causaron un sufrimiento desmesurado sobre innumerables personas (especialmente mujeres), en muchos casos de los cuales el final era una muerte lenta e ignominiosa. Monjes dominicos alemanes han contribuido, junto con otros, a crear las condiciones para que estos hechos ocurrieran. Esta historia de las víctimas –en su mayoría anónimas y olvidadas–, no podemos dejarla pasar sin más. Y dado que una reparación resulta imposible, solo nos queda la obligación moral del recuerdo. Sabemos que el espíritu de la Inquisición y de la persecución de las brujas (discriminación, exclusión, marginación y destrucción de quien piense de otra forma), también se dan de forma latente hoy en día, ya sea en la iglesia como en la sociedad, tanto en cristianos como en no-cristianos. Contrarrestar esto en la medida de lo posible y promover siempre el respeto integral de los derechos humanos, es nuestro compromiso con la deuda que debemos a las víctimas de la Inquisición dominica y a la caza de brujas. Este es el motivo de la llamada del capítulo de Teutonia a todos los hermanos de nuestra provincia para que se impliquen en esta tarea».

Para terminar este breve ensayo: me he esforzado por demostrar que el mensaje de Meister Eckhart, sus Sermones y Tratados, escritos y pronunciados hace aproximadamente 700 años, hoy día siguen bien vivos para todos nosotros y nosotras y nos pueden servir de gran ayuda espiritual. No solo esto es así, sino que en nuestros días Eckhart puede ser un gran puente para la unión de las religiones, del ecumenismo global y universal que necesitamos (y no solo dentro del cristianismo).

Swami Satyananda Saraswati, poco antes de dejar su cuerpo, dijo que el siglo XXI en todo el mundo sería la época ya no del yoga, sino de *bhakti* (la devoción). Yo no sé si esto será cierto, pero sí tengo una clara intuición de que es necesaria una unión entre todas las religiones del mundo y de toda la espiritualidad a nivel global. Ya no es tiempo de trincheras religiosas. Porque si no logramos un ecumenismo espiritual universal, quizá no haya espiritualidad.

Espero que las palabras del Maestro Eckhart les ayuden en su camino espiritual. Simplemente, déjense empapar por ellas.

J. Carte, 2023-24.

Bibliografía utilizada

La edición principal utilizada ha sido la de Josef Quint, ya indicada en la página 21.

Existe una edición más moderna de la obra de Eckhart y más fácil de conseguir:

Niklaus Largier: *Meister Eckhart: Werke I /II.* Texto, presentación y traslación al alemán moderno, Frankfurt am Main, 1993.

Voy a citar dos libros económicos y fáciles de conseguir que llevan tiempo conmigo:

Gerhard Wehr: *Meister Eckhart: Mystische Traktate und Predigten*, E. Diederichs Verlag, Munich, 1999.

Meister Eckhart: Das Buch der göttlichen Tröstung, Insel Verlag Taschenbuch, Frankfurt am Main, 1987. (Edición muy barata que conserva el texto de Josef Quint).

No quisiera olvidar la edición de M. Walshe: *The Complete Mystical Works of Meister Eckhart,* edición y traducción de Maurice O'Connor Walshe, revisada por Bernard McGinn, Herder & Herder Pub. Co., New York, 2009.

El libro del Consuelo y Conforte Divino

Nota introductoria

Das Buch der göttlichen Tröstung (BgT), (*El libro del Consuelo y Conforte Divino*). Desde que Josef Quint editó el libro *BgT* en 1955-63, explicando que Eckhart había escrito el librito para consuelo de la reina Agnes (Inés) de Hungría (1281-1364), quien había perdido a su esposo en 1301 y a su padre asesinado en 1308, todos habíamos interiorizado que así era, efectivamente. Añadía Quint que, por lo tanto, el libro tuvo que haber sido escrito entre 1308 y 1313, año en que la reina entró en un convento de monjas junto a su hija. Y desde entonces, todos los manuales y libros sobre Eckhart repitieron esa misma historia. El mismo Walshe asegura que el libro se escribió en 1308. Sin embargo, el profesor Kurt Ruh, gran conocedor de la obra de Eckhart, en los años 1990-99, como resultado de su minuciosa investigación, desmintió esa información anterior, aclarando:

A) Que el libro no había sido escrito para la reina Agnes de Hungría, sino para toda la comunidad religiosa, "para los hermanos y las hermanas". Es, pues, un libro abierto y para tod@s.

B) Que el BgT no databa de los años alrededor de 1308 como Josef Quint había asegurado, sino que se gestó en 1318, cuando Eckhart tenía 58 años. Esto, añado yo, lo convierte en una obra de la plena madurez vital, espiritual y estilística de Meister Eckhart y la coloca en la biografía del Maestro en los años de director en Estrasburgo.

C) Y termina Ruh diciendo que el título *Das Buch der göttlichen Tröstung*, a pesar de ser un bello título que recoge la esencia del libro, no sabemos si realmente era el título original, sino que ese es el nombre de cabecera que aparece en la portada del manuscrito de Eckhart que se encuentra en Basel (Suiza), posiblemente escrito ese encabezado por un amanuense.

Y para terminar, añade Ruh también, y yo no podría estar más de acuerdo con él, que el BgT es el mejor resumen de la obra de Eckhart, “das Schlüsselwerk zu seiner Lehre” (la llave o clave de sus enseñanzas). Y ahí radica la relevancia de este librito.

Feliz lectura.

Benedictus deus et pater domini nostri Jesu Christi etc

Das buoch der goetlichen trostung /
Disz kostlich buoch jnnhalt vsz der massen /
vil trostung wider aller hant betruebpnisz /
so den menschen anfallent an sinem guot /
an sinen frunden vnd an jm selber an schmacheit/
an vngemach vnd an schmertzen /
des libs vnd hertzleid Gezogen vsz vi- /
lerlei spruch der götlichen lerer vnd /
der heiligen exempel geteilt in drij teil.

[DW 5, 8]

[Cabecera original en alemán medieval del libro '*Das buoch der goetlichen trostung*' tomado de la edición de Josef Quint 'Deutsche Werke', vol. 5.

Al frente está la cita en latín por la que también se conoce el libro: 'Benedictus']

El libro del Consuelo y Conforte Divino

Dice el noble apóstol San Pablo: «Bendito sea Dios y Padre de nuestro Señor Jesucristo, Padre de misericordia y *Dios de todo consuelo*[1], que nos reconforta en nuestras tribulaciones y aflicciones». Tres tipos de penalidades pueden afectar a la persona y agobiarla en este exilio [terrenal]. La primera es la desgracia que afecta a los bienes externos; la segunda, el daño que sufren los seres queridos (familiares y amigos); y la tercera, la que nos afecta personalmente: el menosprecio, las penas, los dolores físicos y los pesares anímicos.

Es por tanto que me propongo impartir en este libro unas cuantas enseñanzas a través de las cuales los hombres[2] puedan encontrar consuelo en las adversidades y sufrimientos. El libro consta de tres partes, a saber: en la primera presento un cúmulo de verdades de las que se deriva lo que puede consolar al ser humano de manera efectiva y apropiada en cualquier infortunio. En la segunda, expongo unas treinta máximas (textos breves), en cualquiera de las cuales la persona puede encontrar perfecto solaz. Tras ello, en la tercera parte, presento los hechos y dichos de personas sabias que surgieron en medio de las penalidades.

---

1. De donde Eckhart toma el título del libro.
2. Y las mujeres, por supuesto. De ahora en adelante, entiéndase 'hombre' como ser humano, persona, englobando a mujeres y hombres.

Primera Parte

I) En primer lugar, se ha de saber que el sabio y la Sabiduría, el hombre verdadero y la Verdad, el justo y la Justicia, el bueno y la Bondad están en mutua correspondencia y se relacionan del siguiente modo: la Bondad no ha sido ni creada ni engendrada, sino que ella genera y engendra lo bueno; y el hombre bueno –en tanto es bueno– no ha sido hecho ni creado y sin embargo es hijo de la Bondad[1]. La Bondad se genera a sí misma y engendra todo lo que forma al hombre bueno y ese hombre de bien recibe su ser, su conocimiento, su amor y toda su energía del corazón y de lo más íntimo de la Bondad[2], y solo de Ella. El hombre bueno y la Bondad no son sino *una* Bondad, que es Única en todos los aspectos, salvo que una engendra y el otro nace de ella; y ese engendrar en el hombre bueno son *un solo* ser y *una* misma vida. Todo aquello que pertenece al hombre de bien lo recibe de la Bondad y en la Bondad. Dentro de Ella, él existe, vive y permanece. Ahí en el interior de Ella, se conoce a sí mismo y llega a conocer todo lo que sabe, ama todo lo que aprecia y actúa con la Bondad *en* la Bondad. Y la Bondad lleva a cabo sus obras y acciones con él y *en* él de modo apropiado, como está escrito donde el Hijo dice:

1. Josef Quint en alemán moderno: "und doch geborenes Kind und Sohn der Gutheit".
2. Original en alemán medieval: 'von dem herzen und innigesten der güete': del corazón y las entrañas de la Bondad.

«El Padre permanece en mí y morando en mí lleva a cabo sus obras» (Juan 14, 10)[3]; «Mi Padre aún hoy está trabajando y yo también trabajo[4]» (Juan 5, 17); «Todo lo que pertenece a mi Padre, a mí me pertenece y todo lo que es mío, es de mi Padre; Él es el dador y yo quien lo recibo[5]» (Juan 17, 10).

Asimismo, hay que saber que, cuando decimos '*bueno*', el nombre o la palabra no significa otra cosa ni contiene nada más que Bondad, pura y simple, ni más ni menos; una cualidad que en tanto que ha sido dada, proviene de la Bondad no engendrada[6]. Cuando hablamos de una persona buena, implica que la cualidad de bondad le ha sido donada, infundida y generada por la Bondad, que nunca es procreada. Por eso dice el Evangelio: «Como mi Padre tiene vida en sí, del mismo modo se la ha dado al Hijo, para que tenga vida en sí mismo» (Juan 5, 26). Dice la Escritura '*en* sí mismo' y no '*de* sí mismo', pues se la ha dado el Padre.

Todo lo que acabo de decir acerca del hombre bueno y de la Bondad vale igualmente para el hombre verdadero y la Verdad, el justo y la Justicia, el sabio y la Sabiduría, para el Hijo de Dios y el Padre; vale para todas las cosas que han nacido de Dios y no tienen un padre en la tierra, en las que no hay nada creado que no sea Divino, en las que no hay imagen que no sea Dios, puro

3. "Sino que el Padre que mora en mí, él hace las obras", en la versión tradicional de Reina-Valera.
4. Uso la versión de la Biblia, Nueva Versión Internacional, que me parece la más adecuada.
5. Existen diferentes versiones y traducciones de este versículo. El lector interesado puede cotejarlas.
6. Es este un pasaje difícil. Copio el original de Quint por si les sirve: 'Weiterhin muß man wissen, daß, wenn wir vom «Guten» sprechen, der Name oder das Wort nichts anderes bezeichnet und in sich schließt, und zwar nicht weniger und nicht mehr, als die bloße und lautere Gutheit; jedoch meint man dann das Gute, sofern es die sich gebende (gebärende) Gutheit ist'.

   Me alejo de la versión de Quint para aclarar el sentido.

y desnudo. Pues así es lo que nos dice San Juan en el Evangelio: «A todos ellos [todas ellas] les dio la potestad de ser hijos de Dios, ya que no nacieron de la sangre, ni de la voluntad de la carne, ni de la del hombre, sino de la de Dios» (Juan 1, 12-13)[7].

'De la sangre' quiere significar todo lo que en la persona no está sujeto a la voluntad humana. Por 'Voluntad de la carne' se entiende lo que existe en el hombre sometido a su voluntad, pero con rebeldía y a regañadientes, tanto en el terreno físico como en lo espiritual; esa resistencia nos inclina hacia los deseos carnales, es propia del cuerpo y del alma, y no tan solo del espíritu. Y como consecuencia, las potencias del alma se debilitan, se agotan y decaen. Por 'voluntad humana', San Juan expresa las potencias superiores del alma[8], cuya naturaleza y actividad nunca se mezclan con la carne, ya que se encuentran en lo más puro del espíritu, separadas del tiempo y del espacio y de todo cuanto tiene aspiración o gusto por el tiempo y el espacio, pues ellas [las potencias del alma] no tienen nada en común con cosa alguna y en ellas el hombre está formado a semejanza de Dios, y pertenece al linaje y a la familia Divina. Sin embargo, [las potencias del alma] no son Dios mismo sino que pertenecen al alma y fueron creadas en el alma, y por tanto, es preciso que se desprendan de su forma y que se trasformen en Dios, para que puedan ser engendradas en Dios y por Dios, de tal modo que solo Dios sea su padre, para que así ellas nazcan de Dios y sean el hijo unigénito de Dios. Ya que yo soy hijo de aquello que me da forma y me engendra, según su imagen y a semejanza suya. Una persona así, es hijo de Dios, bueno en calidad de hijo de la Bondad, justo siendo hijo de la

7. Traduzco literalmente la cita de Eckhart. Vean la versión bíblica: "Pero a quienes lo recibieron y creyeron en él, les concedió el privilegio de llegar a ser hijos de Dios. Y son hijos de Dios, no por la naturaleza ni los deseos humanos, sino porque Dios los ha engendrado".

8. 'Potencias del alma' era una expresión querida y repetida por Eckhart. Ver, por ejemplo, el Sermón 49 en la edición de Quint. En el original: Seelenkräfte.

Justicia, en tanto que es su hijo, la Justicia lo engendra sin ser ella engendrada y por ello, el hijo de ella nacido comparte un mismo ser con ella y posee y está poseído por todo lo que pertenece a la Justicia y la Verdad.

Toda esta enseñanza, que se halla escrita en el sagrado Evangelio y que puede ser captada con toda claridad en la luz natural del alma racional[9], sirve de verdadero consuelo para todas las penas del género humano.

Nos dice San Agustín: «A Dios nada le resulta lejano ni largo». Si deseas que nada te sea lejano ni te resulte largo, adáptate y sométete[10] a Dios pues entonces mil años serán como un día –hoy–. Y yo os digo que en Dios no hay ni tristeza, ni sufrimiento, ni desasosiego. Si deseas verte libre de cualquier dolor y adversidad, encamínate y aférrate totalmente a Dios. Ciertamente, todos tus males nacen de que no te diriges a Dios y únicamente a Él. Si hubieses sido formado y nacido de la Justicia únicamente, en verdad nada te podría hacer daño, del mismo modo que la justicia no puede dañar a Dios.

Dice el sabio Salomón: «No se aflige el justo por nada que pudiera ocurrirle» (Proverbios 12, 21)[11]. Y ved que no dice "el hombre justo", ni "el ángel justo", ni ninguna otra cosa; dice "el justo". Lo que al justo pertenece, en particular, el hecho que la justicia le es propia y que él es justo, le hace ser 'hijo', tener un padre en la tierra, ser una criatura creada y hecha, ya que su padre es también un ser hecho y creado. Pero al justo, en toda su pureza[12], puesto que no tiene un padre creado, y que Dios y la Justicia son una perfecta identidad y ya que solo la Justicia es padre de ese justo, ni el sufri-

9. En el original: 'im natürlichen Licht der vernunftbegabten Seele'.
10. Original: 'füge dich zu Gott'.
11. Traducción de la versión Reina-Valera: "Ninguna adversidad acontecerá al justo".
12. Para establecer el contraste con el párrafo anterior, dice el original (Quint): 'Aber reines Gerechtes...'

miento ni los pesares pueden afectarle ni entrar en él/ella, como tampoco pueden penetrar en Dios. La Justicia no puede apenarlo, ya que Ella no es sino gozo, amor y felicidad[13]; es más, si la justicia hiciera sufrir al justo, estaría causándose sufrimiento a sí misma[14]. Ni la adversidad, ni la injusticia, ni nada hecho ni creado puede hacer sufrir al justo, puesto que todo lo creado está tan por debajo de él, como lo está de Dios, y no puede influir ni causar impresión sobre el justo, ni engendrarse en él, ya que su único padre es Dios.

Por lo tanto, la persona debe aplicarse seriamente en desprenderse de su forma y de las formas del resto de las criaturas[15] y en reconocer solo a Dios como Padre. Entonces, nada puede afligirle ni hacerle sufrir, ni Dios ni hombre, nada creado ni increado, y así todo su ser, su vida, su conocimiento, su sabiduría y su amor es *de* Dios, *en* Dios y es Dios[16].

II) En segundo lugar, se ha de conocer algo que consuela al hombre en cualquiera de sus tribulaciones, a saber: que la persona justa y buena, ciertamente, goza y se regocija inmensamente más, inexplicablemente más, en actuar justamente, que él mismo o incluso los ángeles más elevados gozan de su ser y vida natural. Esa es la razón por la cual los santos dieron gustosamente su vida por la justicia[17].

Pues bien, yo digo ahora que cuando un mal (o un perjuicio) exterior le ocurre al hombre justo y bueno, si permanece ecuánime con la paz de su corazón intacta, entonces, como he dicho,

13. En el original medieval: 'wan alliu vröude, liebe und wunne'. 'Freude, Lust und Wonne' en la traslación al alemán moderno de Quint.
14. Lo cual es imposible.
15. 'daß er sich seiner selbst und aller Kreaturen entbilde' (Quint).
16. Como creo que este es un punto importante, copio el original: 'und sein ganzes Sein, Leben, Erkennen, Wissen und Lieben ist aus Gott und in Gott und (ist) Gott (selbst)'.
17. Como verán, para Eckhart, la Justicia es mucho más que la justicia humana de Leyes, jueces y sanciones.

es verdad que nada de lo que le ocurra puede turbar al justo[18]. En cambio, si las tribulaciones exteriores le perturban, es claramente correcto y apropiado que Dios permita que esa persona sufra, ya que él pretendía ser justo y creía serlo, mientras que en realidad sí que le afectan esas insignificancias[19]. Si Dios está en su derecho [de permitir que sufra], entonces esa persona no debería apenarse por ello, sino contentarse más que de su propia vida, que es algo de lo que se alegra toda la gente y que considera más valioso que el mundo entero; porque, ¿de qué le sirve al hombre el mundo entero si él no tiene vida propia?

III) Lo tercero que se puede saber y que es necesario conocer es que, en la verdad natural, Dios es la única fuente y el único origen de toda Bondad, de la Verdad esencial y del Consuelo, mientras que lo que no es Divino es tan solo amargura, desconsuelo y sufrimiento, que nada añaden a la Bondad, que es de Dios y que es Dios, sino que al contrario, disminuyen, oscurecen y ocultan la dulzura, el gozo y el consuelo que Dios nos concede.

Y afirmo, además, que todas las penas provienen del Amor del que el sufrimiento nos ha despojado (robado)[20]. Si me preocupa la pérdida de cosas externas, es una señal inequívoca de que me atraen los objetos exteriores y que *de verdad* deseo el sufrimiento y el desconsuelo. Entonces, ¿qué tiene de extraño que yo sufra, si me atrae sufrir y estar angustiado y además lo busco con ahínco? Pues mi corazón y mis inclinaciones personales atribuyen a las criaturas lo que pertenece a Dios. Yo me torno y dirijo hacia la gente, de donde proviene por naturaleza el desasosiego, y me distancio así

18. Hay aquí una anotación de Josef Quint, en la que indica que esta misma verdad aparece al menos en dos Sermones de Meister Eckhart.
19. Enseñanza recogida también en el Sermón 90 en la edición de Pfeiffer y el Sermón 11 en el DW (Deutsche Werke) de Josef Quint.
20. Mi traducción se aleja de todas las que he cotejado. Copio el original de Quint para que juzgue el lector: 'daß alles Leid aus der Liebe zu dem kommt, was mir der Schaden genommen hat'.

de Dios, de quien surge todo el consuelo. ¿Es extraño, entonces, que yo esté triste y sufra? Porque, verdaderamente, al mundo entero y a Dios mismo les resultaría imposible dar consuelo a quien lo intenta hallar en las criaturas. Pero quien ama a Dios en las criaturas y ama a las criaturas sólo en Dios[21], encuentra verdadero alivio, justo y equitativo en todas partes.

Esto será suficiente para la primera parte del libro.

21. Ver: 'Wer aber Gott allein in der Kreatur liebte und die Kreatur allein in Gott'. Eckhart es aquí muy claro.

Segunda Parte

En esta segunda parte, se consignan unas treinta razones, cualquiera de las cuales debería bastar para consolar a la persona sensata y racional en sus problemas.

La primera de ellas es que no hay infortunio ni pérdida que no acarree consigo algo de consuelo, ni existe pena que sea un completo infortunio. Por eso dice San Pablo que la bondad y fidelidad de Dios no permiten que las tribulaciones humanas sean insoportables[1]. Dios siempre procura y ofrece consolación para que esta sirva de ayuda al hombre. También los santos y los sabios de la antigüedad pagana expresan que ni Dios ni la naturaleza pueden aceptar la existencia del mal y el sufrimiento en grado sumo[2].

Pongamos el ejemplo de un hombre que tiene cien marcos: pierde cuarenta y le quedan sesenta. Si piensa y rumia continuamente sobre los cuarenta que ha perdido, siempre estará afligido. ¿Cómo va a sentirse aliviado y libre de cuidados si le da vueltas a esa pérdida una y otra vez, asumiéndola dentro de sí y volcándose sobre dicha

1. San Pablo, 1Corintios 10, 13. En la versión Reina-Valera: 'pero fiel es Dios, que no os dejará ser tentados más de lo que podéis resistir, sino que dará también juntamente con la tentación la salida, para que podáis soportar'.
2. Indica Quint que las alusiones son: San Agustín, en las '*Confesiones*' y Aristóteles, 'Ética a Nicómaco', 4:12.

pérdida, él la observa y ella le observa a él, y habla con esa misma pérdida y conversan recíprocamente y ambos se miran y observan de continuo[3]? Con que atendiese a los sesenta marcos que le restan y volviera la espalda a los cuarenta que perdió y reflexionara sobre los sesenta y los observara cara a cara, seguramente se sentiría consolado. Lo que es y es bueno, nos reconforta[4]; pero lo que no existe y no es un bien, lo que no es mío y yo he perdido, inevitablemente me causará desasosiego, pena y aflicción. A propósito de esto dice Salomón: «En los días de adversidad, no olvides los días felices[5]». Es decir, si te encuentras apenado, en medio de la desgracia, piensa en el bien que todavía tienes y en las ganancias logradas. También tranquiliza pensar que hay miles de personas que se tendrían por afortunados señores y señoras de fortuna con los sesenta marcos[6] que tú todavía conservas y se alegrarían en sus corazones.

Existe algo más que debería ser un consuelo para vosotros. Si una persona está enferma, sufriendo muchos dolores físicos, pero tiene su propia casa y todo lo necesario para comer y beber, amén de asistencia médica, servicio doméstico y cuidados y la simpatía y la compañía de sus amigos, ¿cuál debería ser su actitud? ¿Cómo se las apañan los pobres, con tanto o más dolor, e incluso enfermedades más graves, sin tener un vaso de agua fresca? Para conseguir un mendrugo de pan seco, se ven obligados a ir de casa en casa, con lluvia o nieve y frío. Así pues, si deseas consuelo, olvida a los que están en mejores condiciones que tú y recuerda a los que se encuentran peor.

Además, yo afirmo que todos los sufrimientos están causados por el amor y el apego afectivo[7]. De modo que si yo sufro por cosas efímeras, significa que yo y mi corazón sienten amor e inclinación

3. Este me parece un pasaje genial, cómo Eckhart describe la persona obsesionada por la pérdida de su dinero.
4. En la edición de Quint: 'Was etwas ist und gut ist, das vermag zu trösten'.
5. O, 'no olvides los días de bienestar' (wohlsein).
6. Para mantener la perspectiva, cambien los sesenta marcos de 1290 a seis mil euros o dólares de hoy.
7. 'Liebe und Zuneigung' en el original. El amor y los afectos.

por las cosas pasajeras y que no amo a Dios con todo mi corazón y que todavía no amo aquello que Dios quiere que ame junto a Él. ¿Es de extrañar, entonces, que Dios me deje sufrir –con toda justicia– padecimientos y perjuicios?

San Agustín dice: «Mas yo, por mi avaricia, no quise perderte, sino que quise poseer contigo la mentira; del mismo modo que nadie quiere decir mentiras hasta el punto que ignore lo que es la verdad. Y así yo te perdí, porque no te dignas a ser tomado con la mentira [a la vez]»[8]. Y añade en otro lugar que a quien Dios no basta, es que es demasiado codicioso. Y más adelante, dice el santo: «¿Cómo iba ese a contentarse con los dones de Dios a sus criaturas, si ni el mismo Dios le basta?» A la persona buena, todo aquello que es ajeno a Dios, distinto de Él y que no es solamente Dios, no debería resultarle un consuelo, sino una pena. Él/ella debe decir continuamente: "¡Señor Dios, que eres mi consuelo!, si me alejas de Ti y me envías a algo distinto de Ti, concédeme otro Tú para que así yo vaya de Ti a Ti, pues nada deseo fuera de Ti"[9]. Cuando el Señor Dios prometió a Moisés todos los bienes y lo envió a Tierra Santa –que aquí significa el Reino de los Cielos–, Moisés le respondió: «Señor, no me envíes a ningún lado donde Tú no estés conmigo» (Éxodo 33, 12).

Todas las inclinaciones, deseos y afectos nacen de 'lo semejante', puesto que todas las cosas aman y tienden hacia lo que se asemeja a ellas[10]. El hombre puro ama la pureza, el justo ama la justicia y tiende a ella; y la boca da expresión a lo que está en el interior, como dice nuestro Señor Jesucristo: «De lo que el corazón rebosa, habla la boca» (Lucas 6, 45) y asimismo dijo Salomón:

8. San Agustín, *Confesiones,* cap. 10-41. Cito la traducción de D. Ángel Custodio Vega, en Ed. Agustinas.

9. Franz Pfeiffer y sobre todo, Josef Quint trataron de hallar el origen de esta cita pero sin éxito. Es posible que sean palabras del mismo Maestro Eckhart.

10. Nota de Quint: este pensamiento está expresado también en el Sermón 10 de DW.

«Todo el trabajo del hombre es para su boca» (Eclesiástico 6, 7). Así pues, si una persona encuentra apego y solaz en el exterior, es una clara señal de que no Dios, sino las criaturas están en su corazón. Por tanto, el hombre virtuoso debería sentir vergüenza ante sí mismo y ante Dios si se da cuenta de que la Divinidad no habita en él y que el Padre Dios no está activo ni opera en su interior, sino que es la miserable criatura quien vive y ansía en su interior y es la que actúa en él. De ahí que el Rey David se lamentara en los Salmos: «Fueron mis lágrimas mi pan de día y de noche, mientras me dicen todos los días: ¿Dónde está tu Dios?» (Salmos 41, 4).

Tender hacia los objetos externos y tratar de hallar consuelo en lo que no lo tiene y el hablar en exceso y con desmesura sobre ello, es una señal indudable de que Dios no se hace visible en mí, no vigila mis actos y no actúa ni opera a través de mí. Más aún, el hombre bueno debería sentirse avergonzado ante la gente bondadosa cuando se dan cuenta de ello [de lo expresado en el punto anterior]. Pues la persona de bien no debería nunca quejarse de las penas; únicamente cabe lamentarse de haberse uno quejado y de darse cuenta de que se queja y se lamenta.

Dicen los maestros que bajo el mismo cielo hay un fuego fiero y extenso y aunque no hay nada entre medio, sin embargo el ardor no afecta al cielo[11]. Hay también un escritor que afirma que la parte inferior del alma es más noble que la cumbre de los cielos[12]. ¿Cómo puede esa persona pretender que es un ser celestial y que su corazón mora en el cielo, si menudencias así aún le afligen y atormentan?

Me propongo ahora tratar otro tema. Una persona no puede ser buena si no desea exactamente lo que Dios desea, puesto que es imposible que Dios pueda querer nada distinto del bien y, precisamente porque Dios así lo quiere, debe ser no solo bueno sino lo mejor. Por esa razón Nuestro Señor enseñó a los apóstoles –y a nosotros a través

11. Indica Quint que esta extraña creencia medieval proviene de Aristóteles, *Libro de la Física*, 4:1.

12. San Agustín: *De Quantitate anima* (señalado por Quint).

de ellos– a rogar cada día que se cumpla la voluntad Divina. Y, sin embargo, cuando así ocurre, nos quejamos amargamente.

Séneca, un maestro pagano, inquiere: «¿Cuál es el mejor consuelo [que se puede sacar] del sufrimiento y las dificultades?», y responde: el que la persona debería tomarse la situación como si la hubiese deseado así y rogado que así fuera; porque así lo habría deseado realmente si hubiera sabido que todo ocurre de la voluntad, con la voluntad y en la voluntad Divina[13]. Otro maestro pagano escribe: «Rey soberano, Padre supremo y Señor de los cielos, estoy plenamente dispuesto a acatar tu voluntad. Solo concédeme la voluntad de vivir de acuerdo a la *tuya*[14]».

La persona buena debe confiar, creer y estar segura de que Dios es tan bondadoso que a Él le resulta imposible, en su Bondad y Amor, permitir que el ser humano sufra cualquier penalidad, a menos que sea para salvarlo de un sufrimiento aún mayor, o si no, para concederle mayor consuelo en la tierra, o bien para que el hombre saque de ahí un beneficio aún mayor, y así redunde en una mayor y más plena gloria divina. Sea como fuere, por el simple hecho de que algo ocurre por la Divina voluntad, los propósitos del ser humano tienen que estar tan fusionados y unidos a la voluntad divina, que el hombre debe desear lo mismo que Dios quiere, aún en el caso de que vaya en perjuicio de la propia persona o incluso le lleve a su perdición[15]. Por tal razón deseaba San Pablo ser arrancado de Dios, conforme a Su voluntad y que así fuera para mayor gloria de Dios (Romanos 9, 3)[16].

---

13. Séneca: *Cuestiones Naturales*, Libro III (nota de Quint).
14. En realidad, no otro maestro pagano sino que es el mismo Séneca quien de nuevo habla: *Epístola a Lucilio*, (Quint).
   En el original: 'zu allem, was du willst, bin ich bereit; gib mir den Willen, nach deinem Willen zu wollen!'.
15. En el original: 'wenn es sein Schaden und gar seine Verdammnis wäre'.
16. La cita completa es: 'Porque deseara yo mismo ser anatema, separado de Cristo, por amor a mis hermanos, los que son mis parientes según la carne', edición Reina-Valera, corregida en 1960. Hay que recordar que casi siempre Meister Eckhart citaba de memoria.

Pues el hombre íntegramente perfecto tendría que estar habituado a morir a sí mismo[17], a estar tan perdido en Dios y a quedar tan trasformado en la voluntad Divina, que su mayor bienaventuranza sea no saber nada de sí mismo ni de cosa alguna, conociendo a Dios únicamente; que su dicha sea no desear nada ni conocer nada que no sea la Divina voluntad, deseando únicamente conocer a Dios «como Dios me conoce a mí», como dice San Pablo (1 Corintios 13, 12). Todo lo que Dios conoce, todo lo que ama y todo lo que desea, lo sabe, quiere y desea en Sí mismo y en Su voluntad propia. [Acerca de esto] Dice Nuestro Señor Jesús: «Esta es la Vida Eterna, conocer solo a Dios» (Juan 17, 3)[18].

Por esta razón, afirman los maestros que los bienaventurados del reino de los cielos conocen a las criaturas independientemente de las imágenes [de ellas], conociéndolas en la sola imagen Divina, que es Dios, en la que Dios se conoce a Sí mismo y a todas las cosas, y las ama y les da su voluntad. Y esto es lo que Dios mismo nos enseña a rogar y desear, cuando decimos: «Padre nuestro, santificado sea tu nombre» –es decir, rogamos conocerte a Ti solo–; «Venga a nosotros tu reino», o sea, yo no deseo poseer nada que considere riqueza, sino Tú, que eres el Reino de los ricos[19]. Por lo cual, el Evangelio nos dice: «Bienaventurados los pobres *en* espíritu» (Mateo 5, 3), esto es, pobres *en voluntad*, y por eso rogamos a Dios que se haga su voluntad "en la tierra" (es decir, en nosotros), "como en el cielo" (o sea, en Dios mismo). Un hombre así [noble de espíritu] está tan fundido con la Divinidad que él solo desea lo

17. Es decir, a dejar morir su yo. En el original alemán: 'sich selbst abgestorben'.

18. La cita completa, en versión Reina-Valera: 'Y esta es la vida eterna: Que te conozcan a ti, el único Dios verdadero, y a Jesucristo, a quien tú has enviado'.

19. Hay un juego de palabras en el original entre **Riche**=reino y Riche=rico. Cito en alemán medieval, donde se aprecia mejor: '«zuokome dîn rîche», daz ich nihtes niht enhabe, daz ich **rîche** habe und wizze dan dich **rîche**'. El subrayado, de este editor.

que Dios quiere y en la forma que Dios lo quiere. Y, como de algún modo Dios quiso que yo pecara, yo no quise negarme a cometer ese pecado[20], ya que así se lleva a cabo el propósito de Dios "en la tierra" –es decir, en el obrar mal–, "como en el cielo" –o sea, mediante el recto obrar–[21]. De ese modo, la persona desea estar privada y apartada de Dios por mandato y deseo divinos[22] y este es el mayor y el más verdadero arrepentimiento por mis pecados; así me lamento de mis pecados sin sufrir por ellos, del mismo modo que Dios se lamenta del mal sin sufrir por ello. Es cierto que yo sufro, y sufro enormemente por mis pecados –pero yo no hubiera pecado por nada creado ni por nada que fuera una criatura, aunque existiesen miles de universos en la eternidad–[23], pero sufro sin pena ya que considero y acepto los sufrimientos como voluntad Divina, y venidos *de* la voluntad de Dios. Un sufrimiento así es un perfecto sufrir, ya que surge y nos llega del amor puro, originado en la bondad y el gozo Divinos. Así se hace real y podemos darnos cuenta (como ya dije en otro lugar de este librito) que la persona buena –en tanto es buena– entra en total posesión de la Bondad que Dios es.

Observa y fíjate qué maravillosa y gozosa es la vida de esa persona [asentada] en Dios mismo, "tanto en la tierra como en el cielo". Las molestias son para él sosiego, y las penas, gozo, y fíjate que existe ahí un consuelo extra: si yo poseo la gracia y la bondad de la que acabo de hablar, me siento confortado y feliz siempre y en cualquier circunstancia; y si no las tengo, entonces me las arreglaré sin ellas por expreso deseo y por la voluntad de Dios.

20. Como se pueden imaginar, esto no gustó al Papado y el artículo fue condenado por la Bula Papal de 1329, publicada un año después de la muerte del gran maestro místico. Debo toda la explicación a Quint.
21. En el original: 'denn so geschieht Gottes Wille «auf Erden», das ist in Missetat, «wie im Himmel», das ist im Rechthandeln'.
22. Eckhart está explicando el sentido de las palabras de San Pablo, citadas más arriba.
23. Este punto me parece confuso, aunque Quint no dice nada al respecto. Y el original tampoco ayuda aquí.

Si Dios tiene a bien concederme lo que pido, lo tomo y lo disfruto; si Dios no desea otorgármelo, entonces me apaño sin ello, por razón de la misma voluntad Divina, ahora en negativa, y así lo acojo yo, sintiendo la carencia de ello[24]. [En cualquier caso] ¿Qué tengo que perder yo? En verdad, en verdad, recibimos a Dios más verdaderamente en la carencia que en la posesión, ya que cuando alguien recibe algo, es la cosa misma lo que le hace sentirse bien y reconfortado. Pero si no recibe nada, entonces no tiene nada, no encuentra nada y no conoce otra cosa que le regocije que Dios mismo y la voluntad Divina.

Todavía existe otro consuelo del que quiero hablaros. Si una persona ha perdido algún bien externo, o un amigo, o un pariente, un ojo, una mano o lo que fuere, si lo sobrelleva con paciencia y lo hace por amor a Dios, entonces puede estar seguro de que tiene en Dios, por lo menos, todo lo que él no hubiera aceptado a cambio de sufrir esa pérdida[25]. Pongamos un ejemplo: un hombre pierde un ojo. Ni por mil marcos, ni siquiera por seis mil marcos hubiera estado ese hombre dispuesto a sacrificar su ojo; así también, el hombre paciente tiene ante Dios y en Dios todo lo que él hubiera ofrecido por no sufrir aquella pérdida o sufrimiento[26]. Esto es seguramente lo que quiso decir Nuestro Señor: «Más te vale entrar en la vida eterna con un solo ojo que perderte teniendo los dos» (Mateo 18, 9). Este es quizás también el sentido de las palabras del Señor: «Todo aquel que deja a su padre y a su madre, a su hermano y a su hermana, su casa o su campo o lo que fuere recibirá el céntuplo y la vida eterna» (Mateo 19, 29 y Marcos 10, 29).

24. Les copio el original de Quint por si les sirviera: 'in dem er eben *nicht* will, und so also empfange ich, indem ich entbehre und nicht nehme'.

25. Esta es una frase muy compleja que el mismo Eckhart intenta aclarar con el ejemplo siguiente. El sentido de esta frase sería: cuanto mejor se lleve la pérdida (con más paciencia), mayor premio recibirá de Dios el hombre por su paciencia al perderlo.

26. Acerca de este punto, no recuerdo si fue Maurice Walshe o Bernard McGuinn quien sugirió la idea de este "crédito espiritual" divino.

Puedo decir con certeza, en verdad divina, y estando en juego mi salvación, que quienquiera que por amor a Dios deja a su padre y a su madre, a su hermano y a su hermana y lo que fuere, recibe el céntuplo de dos maneras diferentes: A) la primera es que amará a estas personas de su familia cien veces más y B) la otra es que amará, no solo a cien personas, sino a todas simplemente porque son seres humanos y le serán más queridos que su padre y su madre y hermanos lo son ahora por razón de su naturaleza. Si una persona no puede comprender esto, es solo porque todavía no ha renunciado por completo a su familia y al resto de cosas, por amor a Dios y a la Bondad. ¿Cómo puede esa persona abandonar a su padre y a su madre y a sus hermanos por amor a Dios, si todavía los lleva "enterrados" en su corazón[27], si aún sigue afligido y aún considera y se fija en lo que no es Dios? ¿Cómo va el hombre a abandonar todas las cosas por amor a Dios si todavía sigue considerando esto o aquello como bueno? Por eso dice San Agustín: «Prescinde de este o aquel bien y entonces la Bondad pura permanece planeando en toda su sencillez: eso es Dios»[28]. Porque, como decía antes, ni esto ni aquello que es bueno añade ni un ápice a la Bondad, antes al contrario, ocultan y cubren la Bondad que hay en nosotros. Únicamente conoce la verdad de esto quien lo percibe *en* la verdad, pues es verdad en la Verdad y por tanto hay que percibirla ahí y no en otro lugar.

Hay que saber, sin embargo, que hay una diferencia en el grado en que poseemos la verdad y en la voluntad de sufrir, igual que vemos en la naturaleza que un hombre es más alto y más apuesto que otro en lo físico, en el color de piel, en su saber o en sus capacidades. Y por tanto digo que un hombre de bien puede ser realmente una persona buena y, sin embargo, verse afectado y conmovido (en mayor o menor medida) por el amor natural a su padre, a su madre o a sus hermanos, sin que por ello se aparte de Dios o de la

27. 'der sie noch auf Erden findet in seinem Herzen'.
28. San Agustín, *De Trinitate,* 8.3.4 (indica Quint).

Bondad. Empero, él será bueno o aún mejor en la medida en que sea más o menos consolado o conmovido por el amor natural y la consideración hacia sus padres, sus hermanos y él mismo, y en el grado en que sea consciente de ello.

Y, sin embargo, como he escrito antes, si una persona fuese capaz de aceptar esto como designio divino, en tanto es voluntad de Dios que la naturaleza humana tenga esas imperfecciones, por causa de la justicia divina en relación con el pecado del primer hombre, y si la persona estuviese dispuesta a vivir en privación [de la gracia divina] por la propia voluntad de Dios, y si las cosas fueran de otro modo, entonces todo le iría bien a él/ella y con toda certeza obtendría consuelo en su sufrimiento[29]. A esto se refieren las palabras de San Juan cuando dice que "la verdadera Luz brilla en las tinieblas" (Juan 1, 5) y este es el sentido de lo que nos dice San Pablo: "la gracia se perfecciona en la debilidad" (2 Corintios 12, 9). Si el ladrón pudiera aceptar la muerte de manera verdadera, con gusto y alegremente, con total pureza[30], por amor a la justicia divina, en la cual y de acuerdo a la cual Dios quiere en su Justicia que el malhechor sea ejecutado, con toda certeza el malvado se salvaría y sería bendito.

Aún existe otro consuelo: seguramente no encontraríamos a nadie que por el cariño que siente hacia una persona o un ser vivo, no aceptara verse privado de un ojo o de ser ciego durante todo un año, si al final de ese periodo pudiese recobrar la vista de nuevo, habiendo así salvado a su ser querido de la muerte. Si una persona está dispuesta a sacrificar un ojo para librar a alguien de la muerte (aun sabiendo que, en cualquier caso, morirá al cabo de unos cuantos años), con más razón debería estar dispuesto a

29. Este es un párrafo muy complejo que muestra la maestría escolástica y argumentativa del Maestro Eckhart. En el original ocupa casi 9 líneas. Espero haberle dado sentido sin traicionar a Meister Eckhart.

30. Vean la cadena de adjetivos y adverbios en el original: 'Könnte der Dieb wahrhaft, völlig, lauter, gern, willig und fröhlich den Tod erleiden...'

sufrir la pérdida o privación de diez, veinte o treinta años que le resten por vivir, si con ello logra la felicidad Eterna, y poder contemplar a Dios eternamente en su Divina Luz y verse a sí mismo y a todas las criaturas en Dios.

Voy a citar aún otro consuelo. Un hombre bueno, en tanto que es un hombre de bien, nacido de la Bondad y a su imagen y semejanza, considera todo lo creado, *esto* y *lo otro*, como algo amargo y desagradable[31]. Así pues, perder todo eso será dejar y abandonar la amargura y el sufrimiento. Porque, en verdad, dejar las penas es el auténtico consuelo. Por tanto, la persona no debería lamentarse de ningún perjuicio. Por el contrario, tendría que quejarse de que el consuelo le es ajeno, de que el consuelo no puede reconfortarle, del mismo modo que un hombre enfermo no puede saborear el dulzor del vino dulce. Tendría que lamentarse, como dije arriba, de que no se ha despojado de las formas de las criaturas y que todo su ser no está in-formado de Bondad[32].

En medio de los problemas, la gente debería pensar que Dios dice la verdad, y lo que promete lo hace por Sí mismo, que es la Verdad. Si acaso Dios incumpliese su palabra, faltaría a su Divinidad y ya no sería Dios, ya que Él es su Palabra y su Verdad. Y su palabra dada fue que nuestro sufrimiento se trocará en gozo (Jeremías 31, 34 y Juan 16, 20)[33]. En verdad que si supiera yo que todas las piedras se convertirían en oro, cuantas más piedras tuviese y más grandes fuesen, más contento estaría yo. Me pondría a pedir piedras y a recogerlas, y cuantas más tuviera y más grandes, más disfrutaría. Del mismo modo, todas las personas serían grandemente consoladas en todos sus padecimientos.

31. Original: 'unleidlich, eine Bitternis und etwas Schädliches'.

32. Hay un juego de significados en el original, que ha intentado trasladar: 'der Kreaturen nicht gänzlich entbildet und nicht mit seinem ganzen Sein der Gutheit eingebildet ist'.

33. San Juan, versículo citado: 'Os pondréis tristes, pero vuestra tristeza se convertirá en alegría'.

Otro consuelo del mismo tipo: ningún recipiente puede contener a la vez dos tipos diferentes de líquidos. Si contiene vino, no puede contener agua; además, el recipiente debe estar totalmente limpio y vacío. De igual modo, si deseas recibir a Dios y al gozo divino, tienes que sacar las criaturas fuera [de ti][34]. Dice San Agustín: «Vacíate para ser llenado. Aprende a no amar para así aprender a Amar. Apártate para que seas llamado de vuelta»[35]. En pocas palabras: lo que va a acoger y ser receptivo, tiene que estar vacío. Los maestros nos dicen: si al percibir y ver el ojo tuviera un color en sí, no podría ver ni su propio color ni el resto de colores. Pero ya que carece de color, reconoce todos los colores[36]. La pared tiene un color, así que no conoce ni su propio color ni ningún otro y no puede disfrutar del color sea cual sea: ni del color dorado, ni del azul cielo, ni del azabache. El ojo, al no tener ningún color en sí, en realidad los tiene todos en el sentido verdadero, pues disfruta de ellos con gusto y con gozo. Por ello, cuanto más perfectas y puras sean las potencias del espíritu, más perfecta y más extensamente acogen lo que perciben; reciben con más amplitud y gozan aún más de ello; y se unifican y se funden mejor con aquello que reciben; tanto es así que las potencias superiores del alma –que están desnudas de toda materia y no tienen nada en común con las cosas– reciben directamente a Dios mismo, en toda la amplitud y plenitud de Su ser[37]. Los maestros nos enseñan que no hay nada comparable a esta unión y este gozo, por la felicidad y el deleite que

34. El mismo pensamiento aparece en '*Charlas de Instrucción*' del mismo Eckhart.

35. S. Agustín: *Enarratio in Psalmum,* 30, sermón 3.
'Llamado de vuelta': ¿Llamado de vuelta hacia Dios? Esa podría ser la interpretación. En el original: 'auf daß du zugekehrt werdest'. No me ha sido posible cotejar el original en latín de San Agustín.

36. Aristóteles, *De Anima,* 2:71. Josef Quint añade en su nota que este mismo pensamiento aparece también en cuatro sermones del Maestro Eckhart y señala cuáles. No creo necesario especificarlos aquí.

37. Otra de las frases complejas e interminables de Eckhart, llenas de oraciones subordinadas.

producen[38]. Por eso dice Nuestro Señor esas palabras tan admirables: «Bienaventurados los pobres de espíritu» (Mateo 5, 3). Pobre es quien no tiene nada; "pobre de espíritu" quiere decir que, de la misma manera que el ojo es "pobre" y desnudo de color y, sin embargo, es receptivo a todos los colores, así también el pobre de espíritu está receptivo a todos los espíritus, y el Espíritu de todos los espíritus es Dios. Y el fruto del espíritu es amor, gozo y paz. Desnudez y pobreza, no poseer nada y estar vacío transforma la naturaleza; el vacío hace que el agua sea absorbida hacia arriba y lleva a cabo otras maravillas de las que no cabe hablar ahora[39].

Así pues, si deseas realmente buscar y hallar la felicidad y el consuelo perfectos en Dios, procura despojarte de todas las criaturas y del consuelo que proviene de ellas; porque, con toda certeza, mientras eres o puedes ser reconfortado por las criaturas, nunca encontrarás el verdadero consuelo. Pero cuando nada puede consolarte sino Dios, entonces Dios *sí* te consolará y [te llevará] con Él y en Él, al gozo verdadero. Mientras te consuele lo que no es Dios, no lograrás alivio ni aquí ni en el más allá; pero cuando las criaturas ya no te consuelan y no anhelas su consolación, entonces es cuando hallarás consuelo aquí y en el otro mundo.

Si un artesano supiera cómo fabricar una taza o vasija que estuviese totalmente vacía y la pudiese mantener vacía de todo lo que pudiera llenarla, incluso de aire, ciertamente esa vasija perdería su naturaleza y la olvidaría y el vacío la haría desaparecer en el aire[40]. Así también, el ser desnudo, pobre y vacío de todas las criaturas eleva el alma a Dios. También la semejanza y el calor atraen hacia lo alto. Decimos que en la Divinidad la semejanza se atribuye al Hijo, y el ardor y el amor se asignan al Espíritu Santo.

38. En realidad, Santo Tomás de Aquino: *Suma Teológica*.
39. Al lector: disculpas por este párrafo de una página y media de extensión, pero así es también en el original y no he querido cortarlo por no interrumpir la fina argumentación de Meister Eckhart.
40. Este mismo comentario aparece en un Sermón de Eckhart (el sermón 103 en la edición DW de Quint).

Lo semejante, en todas las cosas –pero ante todo y de modo especial, en la naturaleza divina– significa el nacimiento del Uno, y la igualdad del uno, en uno y con uno origina el florecimiento del amor apasionado. La Unidad es el origen sin origen[41]. La semejanza es el origen nacido de la Unidad y recibe su ser del Uno y en lo Uno. Por su naturaleza, el amor se eleva y habiendo sido dos, fluye como Uno. La Unidad, siendo Uno, no es amor; dos siendo dos, no es amor; pero dos al convertirse en uno tiene que generar naturalmente un amor vehemente y apremiante.

Dice el sabio Salomón que todas las aguas (es decir, todos los seres) fluyen de regreso a su origen (Eclesiastés 1, 7). Por tanto, debe ser cierto lo que ya dije: la semejanza y el amor vehemente elevan hacia lo alto, conducen y llevan al alma al origen primigenio del Uno, o sea, al Padre de todos en el cielo y en la tierra (Efesios 4, 6)[42]. Digo, entonces, que lo semejante, habiendo surgido del Uno, atrae al espíritu hacia Dios, como Él es en su oculta Unidad, ya que este es el verdadero sentido de 'lo Uno'. De este proceso tenemos un símbolo y una demostración visible en el mundo físico: cuando el fuego prende y hace arder la madera, una chispa de la lumbre recibe la naturaleza de la llama y esta se vuelve en toda su pureza semejante al fuego, que está inmediatamente debajo del cielo[43]. Con prontitud, la chispa olvida a su padre y a su madre y a sus hermanos en la tierra y sube rauda hacia su padre celestial. En este mundo, el padre de la chispa es el fuego, su madre es la leña y sus hermanos las otras llamas. La primera chispa sube directamente hacia su verdadero padre que es el cielo. Quien conoce la verdad sabe que el fuego, en su calidad de fuego, no es el verdadero padre de la llama. El auténtico padre de la llama y de lo que tiene

41. Esta es una de las frases gnósticas de Eckhart. También dice que el Padre es el Procreador no procreado, como lo expresará más adelante. En el original medieval: 'Ein ist begin âne allen begin'.
42. La cita completa de Efesios 4, 6 es: 'un Dios y Padre de todos, el cual es sobre todos, y por todos, y en todos'.
43. Eckhart se sigue basando en la ¨Física' de Aristóteles, antes mencionado.

la naturaleza del fuego, es el cielo. Asimismo, hay que observar con cuidado el hecho que esta chispa diminuta, no solo abandona y olvida a su padre, a su madre y a sus hermanas en la tierra, sino que se abandona y renuncia a sí misma en su urgencia por llegar a su verdadero padre, que es el cielo, porque en el trayecto se enfriará en contacto con el aire frío; pero aun así, desea manifestar su querencia por su verdadero padre celestial.

Antes, cuando hablamos del vacío y la pureza, dijimos que a medida que el alma se perfecciona, se hace más desnuda y pobre y cuanto más se despoja de las criaturas y más se libera de las cosas que no son Dios, tanto más es capaz de captar y recibir a Dios y más se asienta en Él, más se hace uno con la Divinidad, y contempla a Dios y el Señor la contempla y ella [el alma] ahí se transfigura, como nos dice San Pablo (2 Corintios 3, 18)[44]. En cuanto a la semejanza y al arrebato del amor, yo afirmo que cuanto más una cosa se parece a otra, más rápido se precipita hacia ella, y así ese trayecto se llena de dicha y dulzura; y en la medida que uno [o una cosa] se abandona a sí mismo-a y deja tras de sí lo que no es el otro, más se transforma en aquello que persigue. Puesto que la semejanza fluye del Uno (de la Unidad) y su poder de atracción radica en el poder y la virtud del Uno, ninguno de los dos objetos –ni el que atrae ni el que es atraído– hallan reposo y satisfacción hasta que no se unen en el Uno. Y por eso dice el Señor por boca del profeta Isaías: «Ni la similitud ni la paz del amor me satisfarán a Mí hasta que no surja yo en mi Hijo y hasta que yo no arda por completo en el fuego del Amor del Espíritu Santo» (Isaías 62, 1). Por eso, Nuestro Señor Jesucristo imploró a su Padre que nosotros pudiéramos ser uno con Él y en Él, no simplemente unirnos (Juan 17, 11)[45].

---

44. Esta es la cita de San Pablo completa: 'Así, todos nosotros, con el rostro descubierto reflejamos como en un espejo la gloria del Señor, somos transfigurados a su semejanza con más y más gloria, en su misma semejanza'.
45. La cita de San Juan según una de las traducciones más usadas (NVI): 'protégelos con el poder de tu nombre, el nombre que me diste, para

De esta verdad tenemos una clara imagen y testimonio en la naturaleza, perceptible en el exterior. Cuando el fuego hace arder y quema la madera[46], la lumbre convierte la leña en algo sutil y diferente a su ser natural, robando a la madera sus cualidades de solidez, frescura, masa y humedad y la hace cada vez más semejante a él [el fuego]; y, sin embargo, ni el fuego ni la madera se calman y colman por el calor y la similitud hasta que la lumbre no se engendra en la madera, le trasmite su naturaleza y su propio ser, de modo que en adelante son un solo fuego, con propiedades iguales, sin diferencia alguna entre ellos, ni de más ni de menos. De modo que hasta que esa unión ocurre, hay siempre humaredas, una lucha, un crepitar, en definitiva, un combate entre el fuego y la madera. Pero cuando se han borrado y eliminado las disimilitudes, muere el fuego y se silencia la leña. Quiero añadir que, en verdad, los poderes ocultos de la naturaleza aborrecen las semejanzas secretas, –en cuanto conllevan diferencia y dualidad– y buscan con anhelo el Uno, amando a la unidad por sí misma y solo por sí misma[47], del mismo modo que la boca solo busca en el vino el sabor de lo dulce, y gusta solo de esto. Si el agua tuviera el mismo gusto que el vino, la boca ya no preferiría el vino.

Debido a esto, he dicho que el espíritu aborrece la semejanza, en cuanto es similitud ella misma, sino que la ama por el Uno que hay oculto en ella, que es el verdadero Padre, el origen sin origen de todo lo que existe en el cielo y la tierra. Y lo reitero: mientras subsista la semejanza que aparece entre el fuego y la madera, no será posible el verdadero gozo, ni silencio, ni sosiego, ni satisfacción. Por tanto, dicen los maestros que el fuego se genera a causa del conflicto, del dolor, de la inquietud y del tiempo. Pero el fuego y el gozo nacen más allá, fuera del tiempo y del espacio. El gozo y el

---

que sean uno, lo mismo que nosotros somos uno'.

46. Eckhart retoma y utiliza de nuevo el símil del fuego y la madera, que ya había usado dos párrafos más arriba.

47. Dice Quint que esta misma idea la había usado Eckhart en el Sermón 13 (de DW).

deleite nunca nos parecen que se extienden demasiado [en el tiempo], ni demasiado lejanos. Todo lo que he expresado se refiere a las palabras del Señor: «La mujer cuando da a luz, tiene dolor, porque ha llegado su hora; pero después que ha dado a luz un bebé, ya no se acuerda de la angustia, por el gozo de que haya nacido un hombre en el mundo» (Juan 16, 21). De manera que el Señor nos habla en el Evangelio y nos exhorta a rogar al Dios del Cielo para que nuestro gozo sea perfecto (Juan 15, 11)[48] y San Felipe pidió: «Señor, muéstranos al Padre, y eso nos basta» (Juan 14, 8), pues "padre" significa engendrar y no la semejanza, significa el Uno, donde la similitud se silencia y todo lo que desea ser, está en la paz de la Unidad[49].

Toda persona puede ver con claridad por qué y de dónde le viene el desconsuelo cuando le ocurren las penas, adversidades o perjuicios. La única causa de todo ello es únicamente el estar lejos de Dios y de no haberse liberado de las criaturas, siendo diferenciado de Dios y mostrándose frígido en el amor Divino[50].

Hay otra razón aún. Al observarla y darse cuenta, toda persona se consolará de las penas y pérdidas externas. Un hombre va caminando por un sendero, o realiza una acción o bien omite hacer otra y en estas circunstancias le ocurre una desgracia: se rompe una pierna o un brazo, pierde un ojo o se pone enfermo. Si entonces no deja de rumiar y se dice: "si hubieras ido por otro camino o hubieras hecho las cosas de diferente manera, nunca te habría ocurrido eso", siempre estará desconsolado y por fuerza, abrumado. En esa tesitura debería pensar: "si hubieses tomado otro camino o hubieras hecho las cosas de diferente manera, bien

48. La cita completa de San Juan 15, 11: 'Estas cosas os he hablado, para que mi gozo esté en vosotros, y vuestro gozo sea cumplido'.

49. En el original: 'das Eine, in dem die Gleichheit zum Schweigen kommt und alles das still wird, was Begierde nach Sein hat'.

50. Quisiera destacar y resaltar este párrafo porque me parece clave en el texto.

podrías haber sufrido un daño o una pérdida aún mayores", y de ese modo, lógicamente, se sentirá consolado.

Aún hay otro aspecto. Si pierdes mil marcos, no te quejes y lamentes la pérdida de esa cantidad, sino que debes dar gracias a Dios por haberte dado los mil marcos que luego pudiste perder y que además te da la oportunidad de ganar la Vida Eterna –al practicar la virtud de la paciencia–, que mucha otra gente no tiene.

Todavía hay otra reflexión que puede confortar a las personas. Supongamos el caso de un hombre que durante largos años ha disfrutado de renombre y bienestar y que ahora los pierde porque así Dios lo dispone. Esa persona tendría que razonar juiciosamente y agradecérselo a Dios. Cuando ahora se da cuenta del perjuicio e inconvenientes que sufre, comprende a la vez el privilegio y el bienestar que antes tenía; tendría que dar gracias a Dios, sin pena ni amargura, por la seguridad que disfrutó sin apreciarla y debería ser consciente de que el ser humano no recoge de su propia naturaleza terrenal sino males y aflicciones[51]. Todo lo que tiene en sí de bueno y de bondad, se lo dejó Dios en préstamo, pero no se lo dio. Pues quien conoce la verdad sabe que Dios, el Padre celestial, concede todo lo que es bueno a su Hijo y al Espíritu Santo, mientras que al resto de criaturas no da ningún bien, sino que solo deja en préstamo. El sol da calor y calienta el aire, pero la luz solo la presta y, por tanto, tan pronto se pone el sol, el aire pierde la luz pero guarda el calor, porque esto se lo dio el sol en propiedad. Por ello dicen los maestros que Dios, el Padre Celestial, es el Progenitor del Hijo, no su Señor[52], ni Señor del Espíritu Santo. Pero Padre-Hijo-Espíritu Santo[53] son[54] Un único Señor y Señor de las

51. En el original: 'daß der Mensch seinem natürlichen Sein nach von sich selbst nichts als Bosheit und Gebresten hat'.
52. Es decir, no su propietario, no su autoridad ordenante.
53. Así está en el original medieval también: 'Aber got-vater-sun-und-heiligergeist ist ein herre und ein herre der crêatûren'.
54. Realmente, aunque en mala gramática, habría que decir 'es' un Único Señor.

criaturas; por tanto, decimos 'Padre Eterno' pero es Señor desde el instante en que creó las criaturas[55].

Ahora bien, ya que todo lo bueno, reconfortante y temporal lo toma el hombre de prestado, ¿qué motivo tiene para quejarse cuando el donante (Dios) se lo retira? Tendría que dar gracias a Dios por habérselo prestado tanto tiempo. Incluso tendría que estar agradecido porque no le han quitado de golpe toda la suma prestada; si me apuran, incluso sería justo que Dios le quitara todo lo prestado si esa persona se encoleriza cuando le quitan una parte de lo que jamás fue suyo y de lo que nunca fue dueño ni señor. A tenor de esto, dice bien el profeta Jeremías y habla con razón, en medio de los grandes padecimientos que sufría: «¡Oh, qué grande y varia es la misericordia del Señor y por ella no somos aniquilados!». Si alguien en la helada mañanera me presta su vestimenta, su abrigo y su capa y luego retira y se lleva la capa dejándome la vestimenta y el abrigo, se lo agradeceré y estaré contento sobremanera. De modo muy especial, es preciso que yo reconozca mi gran error al enojarme y quejarme cuando pierda algo; ya que si pretendo que el bien que he tomado prestado me lo den en propiedad, es que pretendo ser 'señor', Hijo de Dios por naturaleza y además perfecto, cuando en realidad, ni siquiera he llegado a ser hijo de Dios por la gracia, pues lo propio del Hijo de Dios y del Santo Espíritu es precisamente ser ecuánime en todo momento.

Además, hemos de saber sin ningún género de duda, que las virtudes humanas son por naturaleza tan nobles y potentes que no hay una actividad exterior, por difícil y ardua que sea, en la que no puedan actuar, y en la que no puedan desplegar su poder o manifestarse[56] adecuadamente. Y, por tanto, existe un trabajo interior que ni el tiempo ni el espacio pueden abarcar ni contener.

55. Indica Josef Quint que Eckhart tomó prestada esta argumentación de la 'Suma Teológica' de Santo Tomás de Aquino.
56. También valdría 'expresarse'.

En él [ese actuar interior] está lo divino y en lo divino y semejante a Dios –que ni el tiempo y ni el espacio pueden confinar ya que Dios está presente en todo lugar y en todo momento– se encuentra también la semejanza a Dios en este aspecto: que no hay ninguna criatura capaz de abarcar y acoger a Dios por completo, ni que pueda reproducir en sí misma la Bondad Divina. Por lo tanto, debe existir necesariamente algo más interior, más elevado e increado, ilimitado, en donde el Padre celestial pueda grabarse, expresarse y manifestarse a sí mismo, es decir, el Hijo y el Espíritu Santo.

Sabed que nadie puede obstaculizar el trabajo de la virtud, como nadie puede poner trabas a Dios. Este actuar de la virtud resplandece día y noche, sin cesar; su trabajo glorifica y canta las alabanzas del Señor en un nuevo cántico, como dijo el profeta David: «Cantad al Señor un cántico nuevo» (Salmo 97). Pero dicha alabanza es terrenal y Dios no aprecia los actos externos –confinados al tiempo y al espacio–, ni estima los actos cuando son estrechos, ni los que se pueden entorpecer y que envejecen y se deterioran con el tiempo y el uso. El acto interior[57], en cambio, consiste en amar a Dios, y en querer el bien y la Bondad; en él, sea lo que fuere que la persona desea realizar y todo lo que hubiera podido llevar a cabo con voluntad pura y completa en todas las buenas obras, *ya lo ha hecho*, y por tanto, en esto se asemeja también a Dios, de quien David dice: «Todo lo que Él quiso hacer, ya está obrado» (Salmos 134, 6).

Un ejemplo ilustrativo nos lo da la piedra. Su acción externa es caer y permanecer en el suelo. Este acto puede interrumpirse ya que la piedra no está cayendo todo el tiempo. Pero existe otra acción en el interior de la piedra, inherente a ella, que es su tendencia a caer, y nadie, ni Dios ni las criaturas pueden impedirlo[58]. Esta función [interior] la lleva a cabo la piedra continuamente, día y noche, sin

57. O trabajo interno.

58. Observa Quint que esta misma idea la utilizó Eckhart en uno de los Sermones en latín (LW) y en otro de los sermones en alemán (DW).

descanso; y aunque permanezca en lo alto de un risco durante mil años, su tendencia a desplomarse hacia abajo no será ni mayor ni menor que el primer día. Justamente lo mismo puede decirse de la virtud: que tiene un trabajo interior, una voluntad y tendencia hacia todo lo bueno, y asimismo una propensión a alejarse de todo lo malo y lo maligno, de todo lo incompatible con la Bondad y con Dios. Y cuanto más malvado es un acto y menos semejante a Dios, mayor es el rechazo que tiene la virtud; y, por el contrario, cuanto más grande es la acción y más se asemeja a Dios, más fácil y dulce le resulta a la virtud y más felicidad le genera. Lo único que le causa lamento y pena –si la virtud pudiese sentirlos– es que este sufrimiento por Dios es demasiado mezquino, ya que todas las acciones exteriores y temporales son demasiado pequeñas para que la virtud pueda manifestarse en toda su expresión y tomar forma en ellas[59]. La virtud se fortalece en la práctica, y se enriquece con la donación y la generosidad. La virtud desearía no haber dejado de sufrir y hubiese querido no haber superado la pena tan pronto; desea y anhela sufrir siempre, incesantemente, por Dios y por el Bien. Toda su felicidad radica en sufrir por Dios y no en haber sufrido por Él. Por eso dice Nuestro Señor Jesucristo esas palabras tan dignas de atención: «Bienaventurados los que sufren por causa de la justicia» (Mateo 5, 10); no dice "bienaventurados los que sufrieron". El hombre de virtud aborrece "haber sufrido" porque "haber sufrido" [en el pasado] no es el sufrimiento que él ama. Por eso digo, también, que esa persona detesta "sufriré" [en el futuro], ya que eso tampoco es sufrir. Aun así, aborrece "sufriré" menos que "haber sufrido", ya que "haber sufrido" está más alejado y es más distinto del sufrimiento real, pues es algo totalmente pasado. En cambio, el sufrimiento por venir no le priva del sufrimiento que ama.

59. Esta misma idea aparece en otro Sermón de Eckhart, recogido por Pfeiffer y por Quint, en sus respectivas ediciones.

Dice San Pablo que escogería estar apartado y separado de Dios si con ello aumentase la gloria Divina (Romanos 9, 3)[60]. Hay quien dice que San Pablo declaró esto cuando aún no era un alma perfecta, pero yo, en cambio, creo que fue la expresión de un corazón perfecto. También otros dicen que se refería a estar separado de Dios sólo por un lapso de tiempo. Pero yo digo que a un hombre perfecto le disgustaría estar alejado de Dios lo mismo una hora que mil años. No obstante, si así fuera la voluntad divina y fuera para gloria divina que él/ella estuviese apartado y privado de Dios, entonces, mil años o incluso toda la eternidad, sería tan llevadero para él como si fuese un día o una simple hora.

Así mismo, el trabajo interior[61] [del que hablé antes] es divino y divinizado[62], que nos hace gozar de las características divinas por esto: de igual modo que todas las criaturas (así hubiera un millar de universos) no aumentarían ni un ápice[63] la estima y dignidad de Dios, así yo afirmo y lo he dicho ya, que el actuar exterior, ni a causa de su cantidad, ni por tamaño, ni por su largura ni anchura, ni por nada, pueden aumentar ni una migaja la valía y bondad del trabajo interior, cuya bondad reside en sí mismo. Así pues, no podría el acto exterior ser pequeño si el acto interior es grande, ni puede el acto externo ser grande o bueno si el actuar interior es mezquino o sin valor. El trabajo interno contiene en sí todas las medidas de altura, anchura y largura. El acto interior obtiene todo su ser únicamente de Dios y en el corazón Divino; ese trabajo interno recibe al Hijo y es engendrado como Hijo en el seno del Padre. Mas no ocurre lo mismo con la acción exterior, puesto que esta recibe la bondad divina a través del trabajo

60. El mismo pensamiento y cita de San Pablo lo ofrece también Eckhart en sus '*Charlas de Instrucción*'.

61. Original: 'das innere Werk'.

62. En el original medieval: 'götlich und gotvar', que Josef Quint traslada al alemán moderno como 'göttlich und gottartig'. No es fácil traducir la diferencia.

63. Ni un pelo, en traducción literal.

interno, el cual se genera y se derrama como una fuente desde la Divinidad misma, revestida de distinción y multiplicidad. Todo esto, incluso la similitud o semejanza, está distante de Dios y es ajeno a Él[64]. Toda la multiplicidad, todas estas especificidades, se aferran y hallan reposo en la bondad, en la iluminación, en lo que es criatura, pues ellas en sí están ciegas a la bondad y a la luz, invidentes al Uno en el que Dios engendra a su Hijo unigénito y en Él son engendrados todos los que son hijos de Dios. Ahí [en el Uno] está la fuente y el origen del Espíritu Santo, únicamente del cual –ya que es el espíritu de Dios y ya que Dios es espíritu– se engendra el Hijo en nuestro interior; ahí es también donde el Espíritu rebosa al exterior en todos los que son hijos de Dios, y fluye en mayor o menor medida según ellos hayan nacido puramente de Dios [o no] y en la medida en que se hayan transformado en Dios y a su imagen y semejanza, y en la medida en que se hayan desvinculado de la multiplicidad (la cual se puede encontrar según su naturaleza hasta en los ángeles más excelsos), e incluso[65] se hayan sustraído de la bondad, de la verdad y de todo lo que –en pensamiento o en nombre– comporte la más tenue sombra de distinción. Ellos [los virtuosos] confían y se entregan al Uno, que está libre de toda multiplicidad y diferencia y donde está la Unidad en la que Padre-Hijo-Espíritu Santo son uno, puesto que esa Trinidad está denudada de diferenciación y de otras particularidades. El Uno nos hace bienaventurados y cuanto más nos alejamos de esa Unidad, menos somos hijos [de Dios] y menos somos el Hijo; y de peor modo fluye *en* nosotros el Espíritu Santo y *de* nosotros [hacia afuera]. Esto es lo que quiso expresar nuestro Señor, Hijo de Dios en la Divinidad, cuando dijo: «En aquél que beba el agua

64. Quint observa que esta misma idea aparece en el Sermón 7 de su D. Werke. También lo recoge Pfeiffer.

65. Aquí hay una nota extra del mismo Eckhart, que he sacado fuera ya que el párrafo es extremadamente complejo. Después de "incluso" lean: "y para quien pueda comprender esto".

que yo le dé, brotará un manantial de vida Eterna» (Juan 4, 14)[66] y el mismo San Juan nos indica que estaba hablando del Espíritu Santo.

El Hijo en la Divinidad (acorde a su naturaleza) no aporta más que su 'descendencia' [ser hijo][67], el haber nacido de Dios, el ser fuente y origen del Espíritu Santo y ser también la efusión y derrame del Espíritu, del amor de Dios, y ser el sabor pleno, total y verdadero del Uno, es decir, del Padre celestial. Por lo cual, la voz desciende del cielo y habla así al Hijo: «Tú eres mi Hijo bienamado, en quien me he complacido» (Mateo 3, 17), porque sin duda alguna, nadie ama a Dios verdaderamente en toda su pureza más que el Hijo. Movido por el amor, el Espíritu Santo brota y fluye del Hijo, pues el Hijo ama a su Padre por Él y en Él y se ama a Sí mismo en el Padre. Por eso dijo Nuestro Señor tan verdaderamente: «Bienaventurados los pobres de espíritu» (Mateo 5, 3), o sea, los que no tienen nada propio en su espíritu humano y acuden desnudos a Dios. Y añade San Pablo: «Dios nos lo ha revelado en su Espíritu» (1 Corintios 2, 10).

Afirma San Agustín que quien mejor comprende las escrituras es aquél que estando desnudo en su espíritu, busca el sentido y la verdad en las mismas escrituras, en el espíritu que fueron escritas o dichas, o sea: el espíritu Divino[68]. Añade San Pedro que todos los santos han hablado en el espíritu de Dios (2 Pedro 1, 21). Y San Pablo apostilla: «Nadie puede conocer ni saber lo que hay en el ser humano sino el espíritu que hay en él, como nadie puede decir lo que hay en el espíritu Divino, sino el espíritu que es de Dios y *es* Dios[69]» (1 Corintios 2, 11). Acerca de esto, existe un texto, mejor

66. La cita completa de San Juan 4: 'pero el que beba del agua que yo le daré, nunca volverá a tener sed. Porque el agua que yo le daré se convertirá en él en manantial de agua que brotará dándole vida eterna'.
67. En el original: 'als Sohn-Sein'.
68. San Agustín: *De la Doctrina de Cristo,* capítulo 3. Nota de Quint.
69. Por si desean comparar el original: 'was Gottes Geist und in Gott ist, als der Geist, der Gottes und Gott ist'.

diría, una glosa[70] que dice con razón que nadie puede interpretar los escritos paulinos a menos que esté en posesión del mismo espíritu en el que hablaba y escribía San Pablo. Esta es mi única queja siempre: que gentes vulgares, de mente tosca, que no están dotadas del Espíritu y que son insensibles al Espíritu, intentan juzgar según su parca mentalidad humana lo que oyen o leen de la escritura dictada y escrita por el Espíritu Santo, sin consideración a lo que está escrito[71]: «Lo que para el hombre es imposible, es posible para Dios» (Mateo 19, 26). Desde luego, esto es válido también para el ámbito natural: lo que resulta imposible en el nivel de la naturaleza inferior, ocurre de manera natural en los niveles superiores.

A esto se podría añadir lo que antes dije: que un hombre bueno, hijo de Dios, engendrado en la Divinidad, ama a Dios por Él mismo, en Él mismo, además del resto de explicaciones que he dado antes. Para comprenderlo mejor, hay que saber –como ya he repetido– que la persona de bien, nacida de la Bondad y en Dios, penetra en todas las cualidades de la naturaleza divina. Dicho en palabras del sabio Salomón: que Dios tiene una cualidad divina por la cual Él todo lo realiza por mor de Sí mismo (Proverbios 16, 4)[72]; es decir, que Él actúa sin tener en consideración ningún por qué, ninguna motivación fuera de Sí mismo, sino solo por Él mismo. Él ama y todo lo realiza por mor de Sí. De modo que si la persona ama a Dios por Él mismo y el resto de cosas, y realiza las acciones no buscando recompensa, ni honor, ni placer, sino por Dios y solo por la gloria de Dios, eso es una clara señal que es hijo de Dios.

---

70. Esta glosa, desconocida para mí, fue identificada por Quint como '*Glossa Ordinaria*', un comentario en latín sobre la Biblia muy popular en la Edad Media en Europa.

71. ¿Les habría gustado este párrafo a los Inquisidores nombrados por el Arzobispo de Colonia? Me pregunto.

72. Cito una traducción moderna de la Biblia: 'Todas las cosas hechas por el Señor tienen su propio fin, Hasta el impío, para el día del mal'.

Diré más todavía. Dios ama con la vista puesta en Sí mismo y todo lo lleva a cabo por mor de sí; esto quiere decir que ama por el amor mismo y trabaja y actúa por el trabajo mismo. Sin duda alguna, nunca hubiera Dios engendrado a su Hijo unigénito en la eternidad si 'ser engendrado' no fuese lo mismo que el engendrar[73]. Por ello los santos nos dicen que el Hijo fue creado en la Eternidad y que [por tanto] sigue siendo engendrado sin cesar[74]. Y si ser creado no fuese lo mismo que crear, tampoco Dios hubiese creado el mundo. Así que Dios ha creado el mundo de modo que lo sigue creando continuamente. Todo lo que es pasado o futuro es ajeno a Dios y está alejado de Él. Así pues, quienquiera que haya nacido de Dios, como hijo de la Divinidad, ese/esa ama a Dios por sí mismo, es decir, ama por el hecho de amar y obra por el hecho de obrar. Dios jamás se cansa de amar y de obrar y cualquier cosa que ama para Él es Un solo Amor. Por consiguiente, es verdad que Dios es Amor[75]. Por ello afirmé anteriormente que el hombre bueno desea siempre sufrir a causa de Dios, y no 'haber sufrido', ya que sufriendo encuentra lo que ama. Desea el sufrimiento por Dios y sufre por causa de Dios. Por ello y en ello, ese hombre es hijo de Dios, formado en Dios y a la imagen de Dios, que ama por el amor mismo, o sea, su motivo de amar es el Amor y trabaja por el hecho de trabajar; por esa misma razón, la Divinidad actúa sin pausa. Ese actuar de Dios es Su propia naturaleza, Su Ser, Su Vida y Su Felicidad. En verdad, exactamente lo mismo ocurre con el hijo de Dios[76], puesto que un hombre bueno, en cuanto que es hijo de Dios, el hecho de sufrir por Dios, trabajar por Dios *es* su ser, su vida, su

73. Vean el original: 'wäre das Geborenhaben nicht dem Gebären gleich'.
74. Es decir, también ahora mismo, en este momento. Quint señala que este pensamiento estaba ya en Pedro Lombardo (1100-1160).
75. Observen la refinada argumentación escolástica tejida por Eckhart para llegar (de nuevo) a esta Verdad.
76. Ya habrán visto que para Eckhart, 'hijo de Dios', hijo en minúscula, es la persona buena, virtuosa, la persona noble de espíritu.

labor, su felicidad, y sobre esto dice Nuestro Señor (Jesús): «Bienaventurados los que sufren por causa de la justicia» (Mateo 5, 10).

Sobre esto digo por vez tercera que un hombre bueno, en la medida que es de bondad, posee la naturaleza divina, no solo en que todo lo ama y realiza por Dios, a quien ama por Sí y por quien obra, sino también quien así actúa lo hace por él/ella mismo-a [como ser humano] y por Quien él ama; porque lo que ama es el Dios Padre no-engendrado y quien ama es el Hijo engendrado. Ahora bien, el Padre está en el Hijo y el Hijo en el Padre, luego el Padre y el Hijo son Uno[77]. Respecto a cómo lo más íntimo y lo más elevado del alma logra atraer y recibir al Hijo de Dios [la divinidad], y de qué modo se convierte en Hijo de Dios en el corazón y seno del Padre celestial, búsquelo, se lo ruego, al final de este libro, donde he escrito acerca "del Noble que fue a un país lejano para lograr un reino y de cómo regresó" (Lucas 19, 12)[78].

Además, se ha de saber que en el mundo físico, el influjo que ejerce la naturaleza superior [suprema] resulta ser más placentero y atrayente que la propia esencia de las cosas. Así, el agua, de acuerdo a su naturaleza, fluye hacia abajo corriendo hacia el valle, y ese es su ser y su esencia[79]. Sin embargo, debido a la impresión y el influjo de la luna en el cielo, el agua olvida y abandona su propia naturaleza y entonces fluye hacia arriba y ese fluir le resulta más sencillo que el descender. Con este ejemplo puede el hombre ver si no estaría bien, si no le resultaría más agradable y satisfactorio abandonar su voluntad natural y renunciar a ella, despojándose totalmente de sí mismo en todo aquello que Dios desea que el hombre padezca. Este es el verdadero sentido de las palabras de

77. Este punto fue destacado por Shizuteru Ueda en su libro acerca de Meister Eckhart.

78. "Von edlen Menschen", es un corto tratado (unas 10 páginas) que se considera una segunda parte o continuación del "Libro del Consuelo Divino". Nosotros lo traduciremos a continuación.

79. Indica Quint que este mismo pensamiento aparece en dos de los Sermones de Eckhart. Así lo hago constar.

Nuestro Señor cuando dijo: «Si alguno quiere venir en pos de mí, niéguese a sí mismo, tome su cruz, y sígame[80]» (Mateo 16, 24); es decir, debe despojarse de todo lo que le resulta una cruz y un sufrimiento. Indudablemente, para quien se ha despojado de su yo y lo haya completamente abandonado, para él/ella nada puede ser una cruz ni un sufrimiento; todo le resultaría un gozo, un deleite y por todo se alegra su corazón. De igual modo que nada puede turbar a Dios ni hacerle sufrir, tampoco nada puede inquietar a un hombre así ni entristecerle. Y así, cuando dice Nuestro Señor: «Si alguno quiere venir en pos de mí, niéguese a sí mismo, tome su cruz y sígame», eso no es mandamiento, como se suele creer: es una promesa y una instrucción divinas para mostrarle cómo convertir todos sus sufrimientos, sus acciones y su vida toda en gozo y felicidad; así que es mucho más una recompensa que un mandamiento[81]. Ya que una persona en ese estado tiene todo cuanto desea y no desea nada malo y eso es la Felicidad[82]. Por lo que, de nuevo, Nuestro Señor dice: «Bienaventurados los que sufren por causa de la justicia» (Mateo 5, 10).

Igualmente, cuando dice Nuestro Señor Jesucristo: «Que se niegue a sí mismo, tome su cruz y me siga», eso significa: "que se convierta en hijo, tal como yo soy Hijo, nacido de Dios; que se haga el mismo Uno que Yo soy, que tiene su ser en el corazón y el seno del Padre, donde está mi morada". Y el Hijo dice además: «Padre, deseo que quienes me sigan y vengan a mí, estén allí donde yo estoy» (Juan 12, 26)[83]. En verdad, nadie llega al Hijo (en

80. Esta es la traducción usada tradicionalmente. Sin embargo, en la cita del libro Eckhart usa deliberadamente 'und muß sein Kreuz aufheben' (levantar o alzar su cruz).

81. Idea que aparece también en el Sermón 4 de la edición DW de Quint y en el Sermón 40 en la edición de Pfeiffer.

82. O bienaventuranza, o beatitud (Seligkeit).

83. En una de las versiones tradicionales del N. Testamento: 'Si alguno me sirve, sígame; y donde yo estuviere, allí también estará mi servidor. Si alguno me sirviere, mi Padre le honrará'.

cuanto Hijo) sin convertirse en hijo a su vez, ni nadie llega al lugar del Hijo –que es uno en el Uno, en el seno y el corazón del Padre–, sino aquel que es hijo.

Porque dijo Dios el Padre: «Yo los conduciré al desierto y hablaré a sus corazones» (Oseas 2, 14). De corazón a corazón, uno en lo Uno, eso es lo que agrada a Dios. Dios aborrece todo lo ajeno y distante de Él. Dios siempre atrae y arrastra a la Unidad [al Uno]. Y todo el resto de criaturas (incluso las inferiores) anhelan también la Unidad, el Uno, y las más elevadas logran percibirlo [al Uno]. Habiendo sido impulsadas por encima de su naturaleza y trasformadas, buscan lo uno en el Uno, el Uno en sí mismo. Por eso dice el Hijo con verdad: «En el Hijo de Dios, en el Padre, donde yo me encuentro estará también quien me sirva, quien venga a mí y me siga»[84].

He aquí otro consuelo aún. Se ha de saber que a la naturaleza entera le resulta imposible romper, destrozar o ni siquiera entrar en contacto con cosa alguna sin que sea con la intención de mejorar aquello que toca[85]. No queda contenta con crear un bien semejante, sino que ella desea sin cesar crear un bien mayor o mejor. ¿Cómo es esto? Un buen médico nunca toca el dedo dolorido y enfermo de una persona para causarle dolor, a menos que pueda mejorar o curar el dedo, o a la persona entera o, al menos, aliviarlo. Si puede mejorar el estado del dedo o del hombre, así lo hace; si no, tiene que amputar el dedo para que mejore el hombre. Es mucho mejor perder un dedo y salvar a una persona que dejar que se malogren ambos, el dedo y la persona. Mejor una pérdida que dos, más aún cuando una es enormemente mayor que la otra. Y también hay que conocer que el dedo, o la mano o cualquier

84. Según parece no hay ninguna cita bíblica exactamente así, sino que se trata de una paráfrasis y explicación por parte de Eckhart, basadas en una cita real del Nuevo Testamento. (Quint).

85. Nota de Quint: el mismo pensamiento aparece en un Sermón de Eckhart en su DW.

otro miembro siente por la persona a quien pertenece un amor mucho mayor que el que siente por sí mismo y soporta de buen grado los dolores en beneficio de la persona. Y afirmo con toda certeza y verdad que ese miembro [del cuerpo] no se cuida de sí en absoluto, excepto por aquél y en aquél de quien es miembro. Según esto, sería apropiado que, de acuerdo a nuestra naturaleza, no nos amásemos a nosotros mismos en lo más mínimo, sino por amor a Dios y en Dios; y si así lo hiciéramos, todo lo que Dios quisiera para nosotros, nos sería fácil y agradable, sobre todo teniendo en cuenta que Dios en absoluto podría tolerar ningún perjuicio o pena [para nosotros] si con ello Él no tuviera el propósito de concedernos un bien mucho mayor. Desde luego, si la persona en este aspecto no confía en Dios, es solo justo y apropiado que sufra penas y tristezas.

Aún voy a citar otro consuelo. Dice San Pablo que Dios castiga a cuantos acepta y acoge como hijos (Hebreos 12, 6). El que tiene que ser hijo, sufre. Puesto que el Hijo de Dios no podía sufrir en la Divinidad eterna, el Padre celestial lo envío al tiempo, para que se convirtiera en hombre y pudiera sufrir. Entonces, si deseas ser hijo de Dios y a la vez no deseas sufrir, estás totalmente equivocado[86]. Está escrito en el *Libro de la Sabiduría* que Dios examina a los hombres para probar al justo, como nosotros testamos el oro poniéndolo al fuego o fundiéndolo en el crisol (Sabiduría 3, 5-6). Es una clara señal que un rey o un príncipe confían en un caballero si lo envían al combate. Yo sé de un gran señor feudal que a veces, cuando aceptaba a un guerrero en su compañía de armas, le enviaba a realizar una salida por la noche y luego el señor le atacaba para ponerlo a prueba. Pero una vez la estratagema le salió mal y casi es muerto por el guerrero a quien puso a prueba; y desde entonces sintió por su siervo en armas mucho más afecto.

Leemos también que cierta vez San Antonio estaba sufriendo en el desierto a causa de los espíritus malignos y cuando logró

86. Ya que no es posible, creo que diría Eckhart.

superar los padecimientos de ese ataque, Nuestro Señor se le apareció, alegrándose por él. Le dijo el santo, en ese momento: «Oh, Señor, ¿dónde estabas hace poco cuando estuve padeciendo tanto?». Nuestro Señor le respondió: «Estaba aquí, al igual que ahora, porque deseaba ver y ser testigo de tu piedad y tu valor»[87]. Una pieza de oro o de plata puede ser pura, pero si se desea hacer con ellas una copa para el rey, entonces se pone en la fundición a más temperatura de lo normal. Así es que los apóstoles sentían regocijo cuando soportaban las pruebas y los despreciaban por el Señor (Actos 5, 41).

Quien era Hijo de Dios por naturaleza deseó convertirse en hombre por la gracia [de Dios], para poder sufrir por ti, ¿y tú quieres hacerte hijo de Dios y dejar tu naturaleza humana, para no tener que sufrir por Dios ni por ti mismo?

Si solo el hombre quisiera recordar y considerar el gran gozo que experimenta Dios en su divina naturaleza, y el contento de los ángeles y de todos los que conocen y aman a Dios, cuando ven la paciencia de una persona que sufre penalidades por amor a Dios, en verdad que eso solamente debería bastar para consolarlo. Pues cualquier persona daría gustosamente sus bienes y posesiones o sufriría penas por el bien de un amigo o simplemente por ser amable con él.

De igual modo, se ha de pensar que si una persona tuviese un amigo que estuviera sufriendo penas e infortunios por él/ella, desde luego, sería justo y apropiado que estuviera al lado de su amigo, para reconfortarle con su presencia y con los consuelos que pudiera darle. Por ello dice el Señor en los Salmos acerca del hombre bueno, que Él está con el hombre en su sufrimiento (Salmo 33)[88]. Pues bien, de este texto se pueden extraer siete enseñanzas y siete motivos de consuelo.

87. '*Vidas de los Padres de la Iglesia*', capítulo 1.

88. Lean, por favor, el salmo 33 antes de entrar en la argumentación de Meister Echkart.

1. El primer alivio, lo que nos dice San Agustín: que la paciencia en el sufrimiento por Dios es mejor, más preciada y más noble que todo lo que al hombre le pueden privar contra su voluntad, ya que todo eso son bienes externos[89]; Dios sabe que es imposible encontrar un hombre, por rico que fuere, que amando este mundo no aceptase gustosamente soportar grandes penas y prolongadas largo tiempo, si con ello lograra ser el rey y señor supremo del mundo entero.

2. Segundo consuelo. No deduzco este alivio de las palabras dichas por Dios –que está con el hombre en su sufrimiento–, sino que tomo directamente las palabras del texto y afirmo y planteo: si Dios está a mi lado en el sufrimiento, ¿qué más quiero? ¿Qué más puedo pedir? Claramente, yo no deseo otra cosa, si me encuentro en el estado correcto de virtud. Así, dice San Agustín: «Quien no está satisfecho con Dios, es un codicioso e ignorante en grado sumo», y más adelante añade: «¿Cómo podría la persona que no está satisfecha con el mismo Dios encontrar contentamiento en los dones divinos a las criaturas?». Por eso dice el mismo santo en otro lugar: «Oh, Señor, si acaso nos rechazas, danos otro Tú, porque no queremos a nadie sino a Ti». Y así se dice en el *Libro de la Sabiduría:* «Con Dios, que es la Eterna Sabiduría, todos los bienes han venido a mí a la vez» (Sabiduría 7, 11). En cierto sentido, eso significa que nada bueno nos puede llegar sin Dios, mientras que todo lo que viene de la mano de Dios es bueno, y lo es simplemente porque viene de y con Dios. Acerca de Dios voy a guardar silencio[90]. Todas las criaturas del mundo entero, si les quitasen el ser que da Dios, serían nada de nada, y desagradables, sin valor y odiosas. Esta cita anterior –que todas las bondades vienen de Dios–, tiene muchos otros sentidos admirables, cuya lista sería demasiado larga de escribir aquí.

---

89. San Agustín: *Cartas,* nº 38.

90. En el original: 'Von Gott will ich schweigen', con el sentido de 'De Dios no deseo hablar'.

Dice Nuestro Señor (en los Salmos): «Siempre estoy con el hombre en sus cuitas[91]», y San Bernardo, refiriéndose a esto, añade: «Si estás conmigo, Señor, en mis padecimientos, hazme sufrir en todo momento para que así de continuo estés cerca de mí, para que te tenga continuamente»[92].

3. En cuanto al tercer consuelo, digo que si Dios está con nosotros en el sufrimiento, significa que Él sufre con nosotros. Ciertamente, quien conoce la verdad sabe que es cierto lo que digo: Dios sufre con el hombre [con la persona]; Él sufre a Su modo divino, o sea, inconmensurablemente más que lo que las personas sufren por Él. Pues bien, afirmo que si Dios mismo quiere sufrir, entonces es bien justo que también yo sufra, pues si soy como debo ser, deseo lo que Dios quiere. Yo ruego cada día –y Dios me pide que ore– «Hágase, Señor, tu voluntad» y, sin embargo, cuando Dios quiere que me llegue el sufrimiento me quejo amargamente, y esto es un grave error. Con total certeza afirmo también que cuando nosotros sufrimos solo por Él, a Dios le agrada tanto sufrir *con* nosotros y *por* nosotros que Dios sufre sin sufrir[93]. Sufrir le causa tanto deleite que para Él, sufrir es no sufrir[94]. Por tanto, si fuésemos como debemos, para nosotros las penas no serían sufrir, sino que serían gozo y consuelo.

4. En cuarto lugar, digo que la compasión de un amigo disminuye de modo natural mi sufrimiento; así que si compartir las penas [con un amigo] nos alivia, en mucha mayor medida me consolará la compasión divina[95].

---

91. Salmo 90.
92. San Bernardo de Claraval, *Sobre los Salmos*. Anotación de Quint.
93. Original: 'daß er leidet ohne Leiden'.
94. Nota de Quint en su edición alemana y Clark en su edición inglesa: este pensamiento proviene de San Agustín, *De patientia*, capítulo 1.
95. En todo este párrafo y parte del siguiente (el quinto consuelo) Eckhart juega con el doble sentido de 'Mitleiden'. 1) compartir el dolor y 2) la compasión.

5. Cinco: si yo estuviera dispuesto, incluso deseoso de sufrir con un ser humano a quien quiero y que me quiere, es apropiado entonces que esté dispuesto a sufrir por Dios, que sufre por mí por el amor que me dispensa.

6. En sexto lugar digo: si Dios sufre con anterioridad a que yo sufra y si yo sufro por amor a Dios, entonces, todas mis penalidades por grandes y variadas que puedan ser, se convierten fácilmente en consuelo y alegría. Es una verdad del orden natural que si una persona realiza una acción con una finalidad en mente, lo que más cerca está de su corazón es la meta por la que actúa, y lo que está haciendo ahora está más lejano de su corazón, y solo le afecta en la medida que es un medio para aquella finalidad por la que la lleva a cabo. Si un maestro de obras corta la madera, talla y pica piedra para construir una casa para librarse de los rigores del calor en verano y el frío en invierno, tiene su corazón puesto sobre todo en la casa que va a terminar, si no, nunca se pondría a tallar piedra ni soportar el duro trabajo, excepto por la vivienda final. Observamos también que cuando un enfermo bebe vino dulce, le parece que el vino es amargo, y esto es cierto, pues el vino pierde su dulzor con el amargor de la lengua [del enfermo] antes de que penetre al interior de cuerpo, donde el espíritu puede juzgar y reconocer el sabor. Pues así ocurre también, en inmensamente mayor medida y aún más verdaderamente, cuando la persona lleva a cabo todos sus actos por Dios; Él es el mediador y lo que está más próximo al alma, sin que nada pueda tocar el espíritu y el corazón del hombre sin antes haber perdido su amargura a través de Dios y de la Divina dulzura, convirtiéndose así en puro dulzor antes de tocar el corazón de la persona.

Existe otra prueba o testimonio que se puede aducir: dicen los maestros [de la antigüedad griega] que bajo el cielo se encuentra un gran fuego extendido por todas partes y que por tanto ni la lluvia, ni el viento, ni las tormentas llegadas de abajo pueden siquiera tocarlo; todo lo consume ese fiero fuego antes de llegar al cielo[96]. Del mismo modo, afirmo yo que todo lo que sufrimos y llevamos a cabo por Dios, se convierte en puro dulzor en la dulzura Divina, antes de llegar al corazón humano que trabaja y sufre por Dios. Eso es precisamente lo que significan las palabras "por Dios"[97], porque todo llega a nuestro corazón "a través de Dios", ya que pasa a través de la dulzura Divina –en la que pierde su amargor– antes que pueda tocar el corazón del hombre; y esa amargura es consumida por las potentes llamas del amor divino, que envuelve el corazón del hombre bueno por todos los lados.

Así puede verse claramente de qué manera, cuando el hombre bueno sufre, es consolado de diversas formas y en todos sus aspectos tanto en las penas, como en los actos. Ocurre de una manera cuando [meramente] trabaja y sufre por amor a Dios y de otra, cuando está inmerso en el amor Divino. En esto puede la persona también conocer si está obrando por amor a Dios o está asentada *en* el amor divino[98], porque, en verdad, si el hombre se siente desdichado demuestra que sus actos no los estaba realizando solo con vistas a Dios, y –date cuenta de ello–, que no se encontraba firmemente afincado en el amor Divino. Dice el rey David: «Hay un fuego que llega con Dios y delante de Él, que consume y arde en torno suyo todo lo le que ofrece resistencia» (Salmo 96) y todo lo que es diferente a Él[99]: es decir, el sufrimiento, el desconsuelo, el descontento y la amargura.

7. Por último, el séptimo consuelo. Las palabras "Dios está con nosotros en el sufrimiento y sufre con nosotros" expresan que la naturaleza Divina nos puede consolar con gran potencia ya que Él es el Uno puro y absoluto, sin ninguna diferenciación advenediza ni siquiera en el pensamiento, pues todo cuanto hay en Él es Dios

96. De Aristóteles, *Física* (nota de Quint).
97. En el alemán medieval: 'daz man sprichet «durch got»'.
98. En el original: 'ob er in Gottes Liebe stehe'.
99. Añade Eckhart.

[es Divino][100]. Y puesto que esto es verdad, afirmo que todo lo que el hombre bueno sufre por Dios lo sufre *en* Dios y Dios está a su lado en el sufrimiento. Luego, si mi sufrir está en Dios y la Divinidad sufre conmigo, ¿cómo puede ser que el sufrimiento me resulte penoso, si el mismo sufrir disuelve su amargura y si mi sufrir está en Dios y si mi padecimiento *es* Dios? Verdaderamente, ya que Dios es la verdad y que dondequiera que hallo la verdad encuentro a Dios, exactamente del mismo modo, cada vez que encuentro el sufrimiento puro (por Dios y en Dios), allí hallo que mi sufrimiento es Dios. Quien no comprenda esto, acuse a su propia ceguera y no a mí, ni a la Divina verdad, ni a la Bondad caritativa.

Conforme a esto, sufre entonces por amor a Dios, ya que nos brinda tanto provecho y buenaventura. Dice Nuestro Señor: «Bienaventurados los que sufren por causa de la justicia» (Mateo 5, 10). Luego, ¿cómo Dios –que ama la bondad– iba a tolerar que sus amigos (nosotros), hombres buenos, no sufriesen constantemente, sin cesar? Si una persona tuviera un amigo que aceptase sufrir unos pocos días para luego recoger un gran provecho, o ventajas u honores por largo tiempo, y el otro quisiera impedírselo o quisiera que alguien lo impidiera, no se podría decir que es su amigo y que le quiere. Por tanto, Dios no podría consentir en lo más mínimo que Sus amigos –personas buenas–, estuvieran sin sufrir, a menos que ellos pudieran sufrir sin sufrimiento[101]. Todo lo positivo del sufrimiento exterior proviene y brota de la voluntad Divina, como antes dije. Por ello, todo lo que el hombre bueno está dispuesto a sufrir por Dios y está deseoso de hacerlo, lo sufre ante la presencia de Dios [literal: ante la faz de Dios] y por amor a Dios. Dice el rey David en los Salmos: «Dispuesto y preparado estoy para cualquier tribulación y mi dolor siempre presente en mi corazón, ante mi

---

100. La misma idea aparece en el Sermón 3 de la edición de DW de Quint y el 25 en la de Pfeiffer.

101. Vean el original por si les ayuda: 'wenn sie nicht ohne Leiden zu leiden vermöchten'.

faz» (Salmo 37). Dice también San Jerónimo que la cera pura, muy maleable y apta para adoptar cualquier forma que se le quiera dar, contiene ya en sí todas esas formas que podría adoptar, incluso si nadie forma con ella ninguna cosa visible[102]. Yo dije asimismo que la piedra no es menos pesada cuando no está apoyada en el suelo de forma visible; pues todo su peso se basa en que tiende hacia abajo y que su ser tiende a caer. También dije que la persona buena ya ha realizado *ahora*, tanto en el cielo como en la tierra, todo lo que tenía por hacer, y en esto es semejante a Dios.

Puede uno darse cuenta y comprender la torpeza mental de la gente que se sorprende cuando ven a personas buenas sufriendo y padeciendo, y que a menudo especulan que se debe a los pecados ocultos [de la buena gente] y que incluso dicen: "¡Y yo que pensaba que esa persona era tan buena! ¿Cómo puede ser que padezca esos infortunios? Y yo pensaba que era una persona sin faltas...". Yo estoy de acuerdo: si lo que esas personas padecen es desgracia e infortunio, entonces es que no eran buenas ni estaban libres de faltas. Pero si es que son buenas personas, se sigue que su sufrir no es ni una desgracia ni un padecimiento, sino que es dicha y beatitud. Dice Dios –que es la Verdad–: «Dichosos los que sufren por causa de la justicia» (Mateo 5, 10). También nos dice el Libro de la Sabiduría: «En manos de Dios se hallan las almas de los justos. Los necios juzgan y creen que han muerto, pero [los justos] están en paz» (Sabiduría 3, 1-3)[103]. Cuando San Pablo describe el gran número de santos que sufrieron penas y martirios, dice también que el mundo no era digno de ellos (Hebreos 11, 36-38). Estas

102. San Jerónimo: *Cartas,* 120. Anotación de Quint.

103. Copio aquí la cita completa (cito una versión cualquiera):

1. Las almas de los justos están en manos de Dios y ningún tormento podrá alcanzarlos.
2. A los ojos de los insensatos están bien muertos y su partida parece una derrota.
3. Nos abandonaron: parece que nada quedó de ellos. Pero, en realidad, entraron en la paz.

palabras, bien entendidas, tienen tres sentidos: a) que el mundo es indigno de la presencia de tanta buena gente; b) otro sentido, preferible al primero: que la bondad del mundo es despreciable y sin valor; solo Dios tiene verdadero valor y por tanto, los justos son dignos a los ojos de Dios y dignos de Dios; c) el sentido que deseo dar ahora, afirmando que los que aman el mundo son indignos de padecer sufrimiento por amor a Dios. Por eso está escrito que los santos apóstoles se regocijaban al sufrir tormento por el nombre de Dios (Hechos 5, 41).

Es suficiente palabrería por ahora, ya que en la tercera parte de este libro me propongo hablar acerca de varios tipos de consuelo con las que una buena persona puede y debe sentir alivio en su dolor, consuelos que se encuentran en los hechos de hombres buenos y sabios, y no solamente en sus palabras.

Tercera Parte

Puede leerse en el *Libro de los Reyes* que un hombre maldijo al rey David y además le ultrajó de mala manera. En ese momento, un amigo de David dijo que quería matar a aquel perro rabioso. Mas el rey le respondió: «No lo hagas, porque quizá con este grave insulto Dios vaya a darme lo que es mejor para mí» (2 Samuel 16).

Asimismo en el libro de *Los Padres del Desierto* leemos que una vez un hombre se quejaba reiteradamente por su padecimiento a uno de los padres. Le respondió: «¿Quieres que le pida a Dios que te libre de ellos, hijo mío?». A lo que contestó el otro: «No, padre, que me doy cuenta que me hacen bien. Más bien pídale a Dios que me conceda su gracia para que los sufra de buen grado».

Ocurrió una vez que preguntaron a un hombre enfermo por qué no rogaba a Dios que le curase. Respondió el hombre que tres razones se lo impedían:

1) una, que estaba seguro que un Dios amable nunca toleraría que estuviese enfermo si eso no fuese lo mejor para él;

2) que si la persona es buena, desea todo lo que Dios quiere para ella y no que Dios quiera lo que el hombre desea, pues eso sería un craso error; y si Dios quiere que yo está enfermo –pues si Él no lo quisiera, no lo estaría–, entonces tampoco debo yo desear

estar sano, ya que sin ninguna duda, si acaso Dios me devolviera la salud en contra de Su voluntad, la salud no sería deseable para mí, ni agradable. El querer [o la voluntad] proviene del amor y el no querer viene de la falta de amor[1]. Es mucho más preferible, más útil y mejor para mí que Dios me ame y yo siga enfermo, que no que yo esté sano y Dios no me ame, porque lo que Dios ama es algo y lo que Él no ama, no es nada, como dice el *Libro de la Sabiduría* (Sabiduría 11, 25)[2]. Y es totalmente cierto que todo cuanto Dios quiere es bueno, precisamente porque Él lo quiere. Para expresarlo con una comparación terrenal: preferiría que un hombre poderoso y rico (un rey, por ejemplo) me quisiera y me dejara sin obsequios durante algún tiempo, antes de que me hiciera regalos con prontitud pero no me quisiera sinceramente; prefiero que por amor no me dé nada ahora si luego me dará obsequios más ricos y abundantes. Incluso pongamos por caso que el hombre que me quiere pero no me da nada ahora no tiene intención de darme nada después. Pero podría ser que cambiase luego de parecer y me diera algo. Yo esperaré con paciencia, tanto más en este caso que sus dones y su gracia son inmerecidos. Ahora bien, aquél cuyo amor desprecio, a cuya voluntad yo me opongo y de quien mi único interés son sus

1. Una frase un tanto críptica pero cargada de significado. Primero, veamos el original: 'Wollen kommt vom Lieben, Nichtwollen kommt vom Nichtlieben'. Hemos traducido lo más literal posible la frase de Eckhart. El sentido sería: el querer Dios que yo esté enfermo viene del amor de Dios por mí, y el no querer yo aceptar la enfermedad querida y enviada por Dios, vendría de mi falta de amor por Dios.
2. Cita completa de los versículos 24-25:
Señor, Tú amas todo lo que existe
y no odias nada de lo que has hecho,
porque si algo odiaras,
no lo habrías creado.
Nada puede existir y mantenerse
si tú no lo quieres.

obsequios, hace muy bien en no darme nada, incluso haría bien en abandonarme y dejarme en la miseria.[3]

3) El tercer motivo [dice el buen hombre enfermo] por el que rechazo y me disgusta la idea de pedir a Dios que me sane es que no deseo rogar por algo tan insignificante y baladí a un Dios tan poderoso, generoso y lleno de amor. Si he recorrido cien millas o quizá doscientas para ir a ver al Papa y, luego, en su presencia, le pido: "Oh, Santo Padre, con gran gasto y esfuerzo he recorrido más de doscientas millas para pediros –y este es el motivo de mi viaje a veros– que me deis una habichuela", la verdad que tanto él como cualquier otro que me escuchase tendría razón para pensar que soy un idiota. Pues yo afirmo que es una gran verdad que todos los bienes y propiedades, incluso todas las criaturas, comparadas con Dios son menos que una habichuela comparada con todo el universo. Por eso, si yo fuera un hombre bueno y sabio, tendría que rehusar pedir a Dios que me sanara, y con toda razón[4].

A este respecto, añado yo que es una señal de debilidad mental[5] estar alegre o triste según van las cosas efímeras de este mundo. Tendríamos que sentir vergüenza de nosotros mismos ante Dios, ante los ángeles y ante el resto de gente si observamos esto en nosotros[6]. Y ¡nos avergonzamos de un defecto en nuestro rostro visible para los demás! ¿Hace falta que añada lago más? Los libros del Antiguo y Nuevo Testamento y también los de la antigüedad pagana, están plagados de ejemplos de personas virtuosas que por

3. Hasta aquí se extiende la segunda razón: más de 20 líneas en el original.
4. Vean el original de esta frase final de toda la argumentación del 'buen hombre enfermo': 'Darum müßte ich es mit Recht verschmähen, wenn ich ein guter, weiser Mensch wäre, Gott bitten zu wollen, daß ich gesund würde'.
5. Debilidad del corazón, dice Eckhart. En la Edad Media se consideraba que el corazón era el sitio del valor etc.
6. Maurice Walshe en su edición inglesa, dice que esta frase ha dado lugar a varias interpretaciones y traducciones. Es verdad que la frase en el original es algo ambigua.

Dios, o bien por su natural virtud, dieron su vida y renunciaron a sí mismo gustosamente.

Sócrates, un maestro pagano de la antigüedad, dice que la virtud hace que las cosas imposibles se tornen posibles, e incluso fáciles y agradables[7]. Tampoco olvido el caso de la santa mujer de la que habla el *Libro de los Macabeos*, la cual fue testigo de los horribles e inhumanos tormentos que sufrieron sus siete hijos. Ella lo observaba con ánimo sereno y les infundía coraje y exhortaba a sus hijos, uno tras otro, a no temer el sacrificio de sus cuerpos y sus almas por la justicia Divina[8].

Aquí termina este libro[9]. Pero voy a añadir un par de cosas más. La primera es que, verdaderamente, una persona buena y asentada en la divinidad debería sentir mucha vergüenza al dejar que le turbe o afecte el sufrimiento, cuando vemos que un simple mercader, quien para lograr un pequeño beneficio –y además, incierto–, viaja a tierras lejanas, internándose por caminos llenos de dificultad, atraviesa valles y montañas, mares y regiones inhóspitas desafiando el peligro de bandidos que amenazan sus bienes y su vida; este comerciante soporta privaciones en el comer, beber y dormir y otras muchas desventuras, y sin embargo, todo lo olvida de buen grado por ese corto e incierto beneficio. Así también, un guerrero en la batalla arriesga sus bienes, su vida y su alma por un honor efímero y perecedero, y a nosotros, en cambio, ¡nos parece cosa tan enorme el sufrir un poco por Dios y por la vida eterna!

La segunda nota que deseo añadir es que gentes de cortas entendederas dirán que muchas de las cosas que he escrito en este libro y en otros lugares no son verdad. Les responderé lo mismo

7. Josef Quint, con su detallado conocimiento enciclopédico, nos indica que la cita proviene de este libro medieval en latín: *Platonis Timaeus interprete Chalcidio*.
8. De 2 Macabeos, capítulo 7.
9. Probablemente este era el final del libro tal como lo concibió Eckhart. Lo que sigue es claramente un anexo escrito por el mismo Eckhart.

que dice San Agustín en el libro primero de sus *Confesiones*: Dios ya ha realizado *ahora* todo lo que está por venir, por miles y miles de años, si es que el mundo durase tanto, y que todo aquello que hizo hace milenios también lo está haciendo *hoy*. ¿Qué puedo hacer yo si alguien no comprende esto? También dice San Agustín en otro lugar que es patente que el hombre [la persona] siente un excesivo amor por sí mismo si pretende cegar a los demás para que así no vean que él mismo es ciego[10]. Yo quedo satisfecho con que en mí y en Dios sea verdad lo que digo y escribo. Quien ve un palo metido en el agua, le parece que el palo está quebrado, a pesar que está bien recto, por causa de que el agua es más densa que el aire. Pero la vara está recta, no quebrada, tanto en sí misma como para quien la ve solo en la pureza del aire[11].

Asimismo dice San Agustín: «Aquél que libre de pensamientos y conceptos, de formas e imágenes corporales, percibe dentro de sí mismo lo que no ha captado por medio de ninguna percepción exterior, sabe que esto es verdad. Mas quien no lo sabe y se ríe y burla de mí, yo siento compasión por él. Pero gente de esa ralea quieren contemplar y saborear cosas eternas y obras divinas a la luz de la eternidad cuando su corazón revolotea en el ayer o hacia el mañana[12]».

Séneca, un maestro pagano dice: «De las cosas importantes y elevadas se ha de hablar con mentes grandes y elevadas y con almas sublimes[13]». Y seguramente habrá también quien diga que enseñanzas como estas no hay que escribirlas ni publicarlas para los no versados. A esto yo les respondo que, si a los iletrados y no instruidos no se les enseña, nadie será instruido jamás, ni nadie podrá jamás enseñar; porque a los ignorantes se les instruye para que lleguen a ser gente instruida. Si no hubiese cosas nuevas, tampoco habría cosas viejas. Dice Nuestro Señor (Jesucristo): «No son

10. *Confesiones,* capítulo 10.
11. Quint señala que San Agustín utiliza la palabra 'remo'.
12. *Confesiones*, capítulo 11.
13. *Cartas de Séneca,* carta 71 (nota de Quint).

los sanos los que tienen necesidad de médico, [sino los enfermos]» (Lucas 5, 31). El médico está para curar al enfermo. Y si alguno malentendiese estas palabras, ¿qué puede hacer quien las expresa y las usa verazmente? San Juan proclama el Evangelio a todos los creyentes y también a todos los no creyentes para que se hagan creyentes. Y, sin embargo, comienza su Evangelio con las palabras más sublimes que se pueden decir de Dios en este mundo. Pues bien, incluso esas palabras, lo mismo que las de Nuestro Señor Jesucristo, se han malinterpretado a menudo.

QUE DIOS, amable, compasivo y misericordioso, que es la Verdad, nos conceda a mí y a todos-as cuantos lean este libro encontrar y reconocer la verdad en nuestro interior.

AMÉN, así sea.

Vom edlen Menschen
De la nobleza espiritual

Breve nota introductoria:

Este breve texto (unas diez páginas en el original) generalmente se edita y publica como el anexo o el envés del *Libro del Consuelo Divino*. Y como ya he dicho, también en los escritos de acusación contra Eckhart se lo consideraba como parte del 'Liber Benedictus'.

Aunque breve, este bello texto presenta con claridad nociones claves eckhartianas: el hombre exterior y el hombre interior; el acto interior y el acto exterior, etc.

Normalmente se traduce por 'El hombre noble', aunque yo he preferido titularlo 'De la Nobleza espiritual', porque de eso precisamente trata el libro.

De la Nobleza espiritual

Dice Nuestro Señor en el Evangelio: «Un cierto noble viajó a un lejano país para lograr un reino para él y después regresó» (Lucas 19, 12)[1]. Con estas palabras el Señor nos enseña cuán noble es el ser humano por naturaleza y qué divino es el estado que puede alcanzar mediante la gracia y nos enseña también cómo lograrlo. Con esta simple parábola se aborda y menciona una gran parte de las Escrituras.

Primero se ha de saber, y esto parece obvio, que el hombre [la persona] posee dos naturalezas: el cuerpo y el espíritu. Siguiendo esto, se lee en un libro: «Quien se conoce a sí mismo-a, conoce a todas las criaturas, puesto que todas las criaturas son o bien cuerpo [físico] o espíritu»[2]. Así también, dicen las Escrituras que existe en nosotros una persona externa y una persona interior[3]. Al hombre exterior concierne todo lo que está adherido al espíritu pero a la vez contenido y mezclado con el cuerpo y que coopera con cada

1. Copio una de las versiones tradicionales de este evangelio: "Un hombre de familia noble fue a un país lejano para recibir la investidura real y regresar pronto". Es el comienzo de la llamada 'Parábola de los Talentos'. Parece claro que Eckhart se refiere a toda la parábola y no solo al comienzo que él cita.
2. La cita procede del *Liber de definitionibus,* señala Josef Quint.
3. San Pablo a los Corintios (segunda carta) 4, 16, como indica Quint. Añade Josef Quint que esta misma idea la cita Eckhart en el Sermón 67 de la edición de 'Deutsche Werke' del mismo Quint.

miembro del cuerpo humano tal como el ojo, el oído, la lengua, la mano, etc. En las Escrituras se llama a todo eso "el hombre viejo", "el hombre terrenal", "el exterior", "el enemigo" y "el siervo"[4].

El otro hombre que está dentro de nosotros es el hombre interior, a quien las Escrituras denominan "el hombre nuevo", "el hombre celestial", "el joven", "el amigo" y "el noble". Y es a este a quien el Señor se refiere cuando dice «Un cierto noble viajó a un lejano país para lograr un reino para él y después regresó».

Asimismo hay que saber que San Jerónimo, y en general, la mayoría de los maestros, afirman que toda persona, desde el nacimiento de su vida humana, tiene tanto un espíritu bueno (un ángel) como un espíritu negativo (un demonio)[5]. El ángel bueno le aconseja bien y constantemente le inclina hacia lo bueno, lo divino, hacia lo que es virtud, celestial y eterno. Mientras que el espíritu de maldad le aconseja de continuo hacia lo temporal y efímero, hacia lo malvado y lo dañino. Este espíritu de negatividad está siempre cautivando al hombre exterior y por medio de la persona trama estrategias contra el hombre interior, como la serpiente atrajo a nuestra madre Eva y, por medio de ella, a Adán (Génesis 3, 1). El hombre interior es Adán; la persona *en* el espíritu[6] es el buen árbol que constantemente nos da fruta sana y buena, de la que habla Nuestro Señor Jesús (Mateo 7, 17)[7]. Esa persona es también el campo en el que Dios ha sembrado Su imagen y similitud y en la que ahora planta la buena semilla, la raíz de toda la sabiduría, de todas las artes y de todas las virtudes, de la bondad, en fin, la semilla de la naturaleza Divina[8].

---

4. Señala Quint que las citas están esparcidas por las Cartas a los Corintios de San Pablo; San Mateo 13; San Lucas 19 y Romanos 6.
5. San Jerónimo: *Comentario a Mateo y otros escritos,* parte III; también Pedro Lombardo: *Sententiae II.* Notas de Quint.
6. Sigo literalmente las palabras de Eckhart: 'del Mann in der Seele'.
7. La cita de San Mateo: 'Así, todo buen árbol da buenos frutos, mas el árbol malo da malos frutos. No puede el árbol bueno dar malos frutos, ni el árbol malo dar buenos frutos'.
8. Referencias: Mateo 13, 24, Marcos 4, 3 y Lucas 8, 11.

Por su parte, la persona exterior es el enemigo hostil que ha sembrado la cizaña en el campo. Sobre él dice San Pablo: «Pero veo que aunque mi mente la acepta, en mi cuerpo hay otra ley que lucha contra la ley de Dios. Esa otra ley es la ley que impone el pecado y hace que desoiga las palabras elevadas de Dios. Esa ley vive en mi cuerpo». Y de nuevo se lamenta: «Pobre de mí, ¿quién me librará de este cuerpo y esta carne mortal?». (Romanos 7, 23-24). Y aún en otro lugar, Pablo nos reitera una vez más que el espíritu humano y la carne están en constante lucha (Epístola a Gálatas 5, 17). La carne nos inclina hacia el vicio y la maldad, mientras que el espíritu inspira hacia el amor divino, al gozo, a la paz y hacia todo el cúmulo de virtudes. A quien vive en pos del espíritu, siguiendo su consejo, la vida eterna le pertenece[9].

El hombre interior es aquel de quien dice el Señor: «Un cierto noble viajó a un lejano país para lograr un reino para él y después regresó». Este es el buen frutal del que dice Nuestro Señor que siempre produce fruta buena y nunca mala (Mateo 7, 18), porque quiere lo bueno y tiende hacia el bien y se inclina hacia la Bondad en sí, desnuda de *esto* y *lo otro*. El hombre exterior es el árbol enfermo de plaga que nunca puede dar buen fruto.

Acerca de la nobleza del hombre interior, del espíritu y sobre la carencia de valía del hombre exterior (el cuerpo), los maestros de la antigüedad pagana Tulio y Séneca afirmaron que no existe ningún alma racional sin Dios; la semilla divina está en nuestro interior[10]. Si el jardinero que la cuida es bueno, hábil y atento, se desarrollará fácilmente y crecerá hasta Dios, cuya semilla lleva en sí, y su fruto será la naturaleza Divina[11]. La semilla del peral crece hasta hacerse un peral; la del nogal crece y se hace nogal; la semilla de Dios produce a Dios [la Divinidad]. Sin embargo, si la semilla es

9. En el original: 'nach seinem Rate lebt, dem gehört das ewige Leben'.
10. Tulio se refiere a Marco Tulio Cicerón, en su obra: *Tusculanae Quaestiones,* libro III, cap. 1. Séneca: *Cartas,* carta 73. (Notas de Quint).
11. En el original: 'und die Frucht würde gleich der Natur Gottes'.

cuidada por un jardinero chapucero y descuidado, entonces crecen las malas hierbas que tapan y ahogan la buena semilla, de modo que no crece porque la luz del sol no le llega. Pero Orígenes –un gran maestro y Padre de la Iglesia– dice, en cambio: «Ya que Dios mismo plantó la semilla y está ella impregnada de Dios, podrá ser tapada y ocultada pero nunca será destruida o se extinguirá; brilla y resplandece, arde con su fuego interior y se inclina hacia Dios incesantemente[12]».

[San Agustín dice que existen seis grados o niveles en la evolución del hombre interior][13].

Dice San Agustín que el primer estadio del hombre interior, del "hombre nuevo", es que esa persona conduce su vida siguiendo el ejemplo de los buenos y los santos, si bien la persona aún tiene necesidad de apoyarse en sillas y de sostenerse en la pared y se alimenta de leche[14].

El segundo nivel se alcanza cuando la persona no contempla meramente el comportamiento y los ejemplos de la gente buena, sino que se lanza a la enseñanza y sabiduría divinas, dirigiendo su faz a Dios y dando la espalda al resto de los hombres; como si dijéramos, alejándose del regazo materno y tornándose sonriendo al Padre Dios.

---

12. Orígenes, tanto en *Homilía sobre el Génesis*, como también en su obra *Synteresis*.

Voy a detenerme aquí un momento porque esta cita de Orígenes por parte de Eckhart es un punto muy interesante. Tanto Josef Quint como Maurice Walshe llaman nuestra atención sobre ello. Orígenes (en contra de la tesis de San Agustín) no creía en la condenación eterna de las almas y creía (como la iglesia ortodoxa después) que la llama divina en el ser humano nunca se extingue, ni en el infierno. Que Eckhart citase a Orígenes en contra de la doctrina oficial de la Iglesia medieval era arriesgado, por decirlo muy suavemente.

Finalmente, Orígenes fue excomulgado por la Iglesia en el año 533, a quien había sido uno de los Padres principales de la Iglesia cristiana.

13. Añadido por este editor. Eckhart dice que hay 6 grados; San Agustín habla de 7.

14. Es decir, como un niño pequeño.

El tercer grado ocurre cuando la persona se retira paulatinamente de su madre y se aleja cada vez más de su regazo, se aleja de las inquietudes y se despoja del temor, de modo que aunque pueda cometer injusticias y actos nocivos, tiene claro que no desearía hacerlos, ya que él/ella está tan unido a Dios con amor y anhelo, hasta que Dios le conduce y asienta en el gozo, la dulzura y la felicidad y, una vez ahí, no se ocupa de nada que sea ajeno y repulsivo a Dios.

Al cuarto nivel se llega cuando la persona crece aún más y queda arraigada en el amor y en Dios, de manera que está dispuesta a someterse a cualquier prueba, o tentación, o adversidad, o sufrimiento de buena gana y con entusiasmo y alegría.

El quinto nivel se logra cuando la persona vive totalmente en paz con él/ella mismo-a, descansando en la abundancia de la inefable sabiduría suprema.

El sexto nivel se da cuando la persona se despoja de la forma y se *transforma*[15] por efecto de la Divina Eternidad y ha logrado un total olvido de toda la vida temporal y transitoria; en vez, la persona es cautivada y trasmutada en imagen divina, ya que se ha convertido en hijo-a de Dios. Más allá ya no hay más grados[16], pues ahí residen el descanso y la dicha eternas y la última etapa del hombre interior (o del hombre nuevo) es la vida Eterna.

En relación con el hombre interior, el noble en quien Dios sembró y grabó la semilla y la imagen divina y de cómo esta simiente e imagen (que son el Hijo de Dios) se manifiestan y aparecen ante el mundo –aunque a veces también queden ocultas– el gran maestro cristiano Orígenes ofrece un símil o comparación: que la imagen divina –el Hijo de Dios– es como una fuente que mana viva en el monte o en el campo. Si la cubrimos con tierra (es decir, deseos terrenales) queda obstruía y tapada de manera que no se ve desde

15. En el original existe un juego entre los dos verbos: 'entbildet ist und überbildet von Gottes Ewigkeit'.
16. Aquí Eckhart se distancia de San Agustín, para quien sí había una séptima fase. Ver S. Agustín: *La verdadera religión*.

fuera; sin embargo, sigue viva manando en el interior y cuando destapamos la tierra que la cubría, aparece bien visible a la vista. Dice Orígenes que esta verdad se hizo pública en el *Libro de Moisés*, donde se dice que Abrahán había cavado fuentes y pozos de agua en sus campos, pero malvados los cubrieron con tierra y más tarde, cuando se destapó la tierra de encima, las fuentes de agua volvieron a manar (Génesis 26, 15 y siguientes).

Yo les propongo otro símil: el sol siempre está brillando, pero si una nube o niebla se interpone entre el sol y nosotros, ya no vemos brillar el sol. De igual modo, si el ojo está enfermo o tapado, no percibe la luz. A veces yo mismo he usado otro ejemplo: si un carpintero o escultor pretende tallar una imagen en madera o piedra, no inserta la imagen en la madera sino que lentamente va tallando y quitando las virutas o esquirlas que escondían y cubrían la imagen [en la mente del artista]; él no inserta o añade nada a la piedra o madera, sino que talla los fragmentos que cubren, quitando el exceso de material[17]; y entonces, lo que estaba oculto surge al exterior. Ese es el tesoro escondido en el campo del que habla Nuestro Señor en el Evangelio (Mateo 13, 44)[18].

Dice San Agustín que cuando el alma se dirige hacia arriba, hacia la eternidad, solamente hacia Dios, la imagen Divina brilla y resplandece en ella [en el alma]; pero cuando el alma rola hacia el exterior –o sea, si practicamos la virtud de cara a la galería–, entonces la imagen Divina está totalmente velada. Y esa es la razón, según San Pablo, por la cual los hombres llevan las cabezas destapadas y las mujeres deben llevar las cabezas cubiertas con velo. Así pues, cuando cualquier parte del espíritu se dirige

17. En el original: ‘er gibt dem Holze nichts, sondern er benimmt und gräbt ihm die Decke ab’.

18. La parábola del tesoro escondido: “El reino de los cielos se puede comparar a un tesoro escondido en un campo. Un hombre encuentra el tesoro, y vuelve a esconderlo allí mismo; lleno de alegría, va, vende todo lo que posee y compra aquel campo”.

hacia abajo, debe llevar un velo; pero cuando esa parte del alma se torna hacia lo elevado, esa es la imagen *desnuda* de Dios (el nacimiento Divino), la cual se encuentra totalmente denudada en el alma descubierta y desnuda[19]. En la persona noble de espíritu, de igual modo que en la imagen Divina (que es el hijo de Dios), la semilla de la naturaleza divina nunca puede ser destruida en nuestro interior, aunque sí puede estar cubierta o velada. Dice el rey David en los Salmos: «A pesar que el hombre está afligido por varios tipos de vanidad, de sufrimiento y de iniquidades, él vivirá en la imagen de Dios y la imagen Divina morará en él»[20]. La verdadera Luz brilla en las tinieblas aunque no nos apercibamos de ello (Juan 1, 5).

En el *Cantar de los Cantares* del rey Salomón se dice: «No os fijéis en que mi piel es morena, pues soy bella, solo que el sol descoloró mi belleza» (Cantares 1, 5). El sol es la luz del mundo, quiere decirse, lo más alto y lo mejor de todo lo creado y ello hace que la imagen de Dios en nosotros se oculte y descolore. Dice Salomón: «Retira la escoria de la plata y de allí saldrá material para el orfebre» (Proverbios 25, 4), que es la imagen (el hijo de Dios) grabada en el alma. Y eso es lo que Nuestro Señor quería expresar con esas palabras «Un noble partió a un lejano país», porque la persona noble debe abandonar todas las formas y abandonarse a sí mismo, convertirse en extraño para sí mismo[21] y vivir remoto y alejado de todo, si de verdad desea recibir al Hijo y convertirse en el Hijo en el pecho y en el corazón de Dios.

19. La misma idea y argumentación se encuentra en el Sermón 20-A de la edición de Quint en DW y aparece recogido también en Pfeiffer.
20. Ya he dicho en algún lugar que Meister Eckhart citaba las Escrituras muy libremente. Aunque Quint cree que se refiere al Salmo 4 de David, otros estudiosos ofrecen otras citas: Salmo 17, etc. Aún otros indican que ese Salmo no existe y que es una mezcla de varios salmos creada por el mismo Eckhart.
21. O también: 'convertirse en extranjero de sí mismo'.

Todo lo que es un instrumento (un medio) es ajeno a Dios. «Yo soy el principio y el fin», dice el Señor[22]. No hay diferenciaciones en la naturaleza Divina, ni en la Persona, conforme a la Unidad de esa naturaleza Divina. La naturaleza divina es Una y cada persona es también Una y es de la misma unidad que la naturaleza [Divina][23]. La diferencia entre ser y esencia (o naturaleza real) debe tomarse[24] como una y es Una. Donde la Unidad no está presente, entonces comienza a asumir y a generar distinciones[25]. Así pues, en la Unidad se halla Dios y quien desee encontrar a Dios debe fundirse en la Unidad. «*Un* hombre partió», dice Nuestro Señor. En la distinción (en la diferencia) no se encuentra ni el ser, ni Dios, ni el sosiego, ni el gozo, ni la satisfacción. ¡Hazte uno, para encontrar a Dios! En verdad, si fueras uno realmente, entonces incluso en la diferencia serías uno y la diferenciación sería para ti la unidad y nada podría ser una traba para ti. El uno permanece como uno tanto en mil piedras multiplicadas por mil como en cuatro piedras; y un millón es un número simple igual que lo es el cuatro.

Un maestro pagano dice que la Unidad nace del Dios supremo[26]. Su cualidad y propiedad es ser uno en la Unidad. Quien busque la unidad fuera de Dios se auto engaña. Más adelante, en cuarto lugar, el mismo maestro (Macrobio) dice que el Uno solo se relaciona realmente con lo puro y lo virginal, como también dice San Pablo: «He esposado y prometido castas vírgenes

22. Isaías 14 y también en el Apocalipsis 22, 13: 'Yo soy el alpha y el omega'.
23. Este artículo fue condenado en la Bula Papal del año 1329.
24. O comprenderse, considerarse, como una.
25. Esta es una frase compleja a la que el mismo Quint tuvo problemas en darle sentido. Prueba de ello, son los tres paréntesis que presenta Quint para ayudar a la comprensión. Pudo ser que el manuscrito estuviese dañado o en mal estado, o corrupto, como nos dice Josef Quint varias veces en otros lugares del texto.
26. Macrobio: *In somnium Scipionis*, cap. 1. Está clara la influencia neoplatónica en Macrobio.

a Dios» (2 Corintios 11, 2)[27]. Y así debería ser el hombre, y así lo dice Nuestro Señor: «*Un* hombre partió».

"Hombre", en el verdadero significado en latín[28] quiere decir en un cierto sentido alguien que se somete a Dios completamente, todo lo que él es y todos sus bienes, venerando a Dios en lo más alto y no a sus bienes y posesiones, pues sabe que quedan detrás, debajo o a los lados de él. Esta es la verdadera humildad; su sentido viene de "la tierra" (humus). Por ahora, no deseo decir más sobre esto. Por otra parte, cuando decimos "hombre", la palabra denota lo que está por encima de la naturaleza, por encima del tiempo y por encima de todo lo que está en relación con el tiempo o tocado por el tiempo, y lo mismo se puede decir de la localidad y la corporalidad. Asimismo, en un sentido, "hombre" no tiene nada en común con ninguna otra cosa, es decir, no está formado ni es semejante a esto o aquello y nada sabe acerca de 'nada', pues únicamente se encuentra en él vida pura, ser, verdad y bondad. Un hombre así es de verdad "noble", justamente, ni más ni menos.

Aún existe otro modo de explicar lo que Nuestro Señor llama "un hombre noble". Deberías saber que los que llegan a conocer a Dios en su desnudez, conocen además a las criaturas con Él, pues el conocimiento es una luz del espíritu; y todas las personas desean el conocimiento, ya que incluso el conocimiento de cosas negativas es bueno[29]. Los maestros [cristianos] dicen que cuando conocemos las criaturas en ellas, ese es "conocimiento del ocaso", ya que

27. Según una de las versiones tradicionales del Nuevo Testamento: 'pues os he desposado con un solo esposo, para presentaros como una virgen pura a Cristo'.

28. Es decir: homo-hominis. Relacionado con 'humus' (tierra).

29. 'Todas las personas desean el conocimiento' proviene de Aristóteles: *Metáfisica,* cap. 1; 'El conocimiento de cosas malas es bueno', tomado de Santo Tomás de Aquino: *Summa contra Gentiles,* cap. 1:71. Ya utilizado en un Sermón por Eckhart, según Quint, a quien debo la información.

vemos a las criaturas en imágenes de diversas formas, mientras que cuando uno ve las criaturas en Dios, es un "conocimiento del alba"[30], pues se ven las criaturas sin distinciones, desprovistas de formas y carentes de similitud[31] en la Unidad que es Dios mismo. También esto es la nobleza de la que Nuestro Señor habló: «Un noble partió», es noble ya que es 'uno' y porque conoce a Dios y las criaturas en el Uno.

Quisiera aún exponer y referirme a otro sentido de "noble". Afirmo que cuando un hombre (su alma, su espíritu) ve a Dios, la persona es consciente de sí y se percibe en el conocer mismo. Es decir, sabe que está percibiendo y conociendo a Dios. Pues bien, algunos piensan (y parece lógico y creíble) que la flor y el fruto de la felicidad yace en ese conocer, cuando el espíritu percibe que está conociendo a Dios[32]; pues si yo experimentase todo el gozo del mundo pero no lo supiera, ¿de qué me serviría y qué gozo real sería eso? Pero yo niego totalmente que eso sea así. Aunque es cierto que el alma no puede deleitarse de gozo sin ese conocer, la felicidad no depende de él ya que la primera condición para [que se dé] la felicidad es que el espíritu contemple a Dios en su desnudez. De ahí brota todo su ser y su vida y del fondo de Dios la felicidad extrae todo su ser, sin saber nada del conocimiento, ni del amor, ni de ninguna otra cosa. Ella está totalmente en paz y calma en el ser Divino, sin conocer el ser y a Dios, pero asentada allí. Empero, cuando el alma es consciente y conoce que está viendo, y sabe y conoce a Dios, eso es un alejamiento, una retirada y reversión a la etapa anterior en el orden natural[33]; pues nadie sabe que lo que

30. Metáforas tomadas de San Agustín: *Comentario literal al Génesis,* cap. 4.
31. Hay una curiosa expresión en el original: 'aller Bilder entbildet und aller Gleichheit entkleidet in dem Einen'.
32. Tanto Quint como Walshe explican que M. Eckhart está aquí atacando alguna doctrina contemporánea de esa época. No creo necesario extenderme más sobre esto, a pesar que ellos sí lo hacen. Ver a continuación la defensa que hace Eckhart de su punto de vista.
33. Aquí está la clave de la argumentación eckhartiana, que Heinrich Suso continuó después.

es "blanco", excepto quien es blanco. Por tanto, quien sabe que es blanco, sobre ello construye su identidad; no saca ese conocimiento del color blanco mismo, sin ninguna mediación, sino que logra el conocimiento por los objetos que ahora son blancos. Pero no logra el conocer solamente del color-en-sí, sino que obtiene ese conocer y esa percepción por lo que es blanco ante sus ojos y entonces sabe que es blanco. El color blanco es más inferior y mucho más externo que la blancura. Hay una gran diferencia entre la pared y el cimiento sobre la que está construida.

Los maestros dicen que existe un poder mediante el cual es el ojo ve y otro diferente por el que sabe que ve. Primero, la capacidad de ver la obtiene del color mismo, no de la cosa con color. Por lo cual, es totalmente indiferente si el objeto con ese color es una piedra o un pedazo de madera, un hombre o un ángel: la esencia de todos ellos yace en el hecho que poseen [ese] color.

Así que yo digo ahora que "el hombre noble" recibe y saca todo su ser, su vida y su gozo de Dios, por Dios y en Dios, puro y desnudo, y no del conocer, ni del acto de ver, ni de amar a Dios, ni de nada semejante. Por eso dijo Nuestro Señor con tanta verdad que la vida Eterna es solamente conocer a Dios como Dios verdadero y no en saber que la persona conoce a Dios (Juan 17, 3)[34]. ¿Puede alguien saber que conoce a Dios si no se conoce a sí mismo? Pues el hombre no se conoce a sí mismo ni el resto de cosas, sino solo a Dios, y lo conoce en la felicidad, que es la raíz y el lecho de la bienaventuranza. *Pero* cuando el alma sabe que conoce a Dios, entonces logra el conocimiento de Dios y de sí misma.

Existe una potencia, como dije antes, por la cual la persona ve y hay otro poder diferente por el que sabe que ve. En esta vida

34. Esta es la cita de San Juan: 'Y esta es la vida eterna: que te conozcan a ti, el único Dios verdadero, y a Jesucristo, a quien has enviado'. Como se ve, la segunda parte de la cita (que no está en San Juan) la añade el propio Eckhart.

humana, aquí y ahora, es más noble el poder interno por el que percibimos que vemos; porque la naturaleza siempre comienza a actuar sobre el punto más débil, pero, en cambio, Dios comienza su trabajo sobre el punto más elevado y perfecto. La naturaleza convierte el niño en hombre y un huevo en gallina; Dios, sin embargo, crea al hombre antes que el niño y la gallina antes que el huevo. En la naturaleza, primero tenemos la madera que se calienta y de ahí se crea la esencia del fuego; pero Dios, primero, da su ser a todas las criaturas y después, a su tiempo y, sin embargo, fuera del tiempo, Él concede a cada uno todo lo que pertenece a su ser esencial. Y Dios nos da el Espíritu Santo antes que los dones que vienen del Santo Espíritu.

Por consiguiente, digo que no existe felicidad sin que la persona sea consciente que conoce a Dios, y además con total percepción de ello, pero ¡Dios se apiade de mí si mi felicidad dependiera de eso![35] Si alguien se encuentra satisfecho con eso, ¡que se lo quede!, pero me apiado de él. El calor del fuego y su esencia son totalmente diferentes y remotas una de la otra por naturaleza, aunque cercanas en el espacio y tiempo. La visión de Dios [lo que Él ve] y nuestra visión son muy diferentes y distantes entre sí.

De manera que las palabras de Nuestro Señor [Jesucristo] «Un cierto noble viajó a un lejano país para buscar un reino para él y después regresó» son muy apropiadas; puesto que la persona debe ser una en sí y debe "buscar" en sí mismo y en la Unidad, es decir, debe ver únicamente a Dios; y también tiene que "regresar" –que significa ser consciente y percibir y saber que se conoce a Dios–. Todo lo anterior fue ya dicho por el profeta Ezequiel cuando describió que un águila enorme con grandes alas y garras terribles, cubierta con un plumaje multicolor voló a la montaña y allí, con su tremenda fuerza destrozó la parte esencial del árbol más alto y luego cercenó la copa cubierta de hojas y la tiró

35. La expresión de Eckhart en el original: 'doch verhüte Gott, dass meine Seligkeit darauf beruhe!'

a tierra (Ezequiel 17, 3)[36]. Lo que Nuestro Señor llama "un noble", el profeta lo llama "una gran águila". Pues, ¿quién es más noble que aquél que ha nacido, por un lado, de lo más elevado y lo mejor de todas las criaturas y, por otro lado, del fondo más íntimo de la naturaleza Divina y de Su desierto y Su soledad[37]? También en el profeta Oseas, el Señor declara: «Conduciré al alma noble al desierto y allí hablaré a su corazón» (Oseas 2, 14); el Uno con la Unidad, Uno de la Unidad, Uno en la Unidad y un único Uno eternamente,

AMÉN, así sea.

36. Traduzco literalmente de Eckhart. Comparen con la cita bíblica tradicional: 'El águila grande, de grandes alas, de enorme envergadura, de espeso plumaje abigarrado, vino al Líbano y cortó la cima del cedro; arrancó la punta más alta de sus ramas, la llevó a un país de mercaderes y la colocó en una ciudad de comerciantes'.
37. Yo creo que hay que entender 'Einöde' aquí como soledad, más que como desierto o selva como traducen otros autores.

Von Abgescheidenheit
Del Desapego o Distanciamiento

Breve nota introductoria:

'Del Desapego' es otro breve texto de Meister Eckhart, de parecida extensión al anterior, pero igual de interesante.

Josef Quint lo incluyó al final del último volumen dedicado a la obra alemana de Eckhart, con algunas dudas. Hoy día Georg Steer, que continuó la edición de Eckhart donde se detuvo Quint, y el profesor Kurt Ruh han mostrado sus dudas acerca de la autoría de Eckhart. Su razón principal es que el texto no se menciona en los escritos acusatorios contra Eckhart, habida cuenta que es un texto valiente, con afirmaciones teológicas poco ortodoxas o controvertidas, las cuales los inquisidores no hubieran pasado por alto.

Bien, respeto su parecer; ellos saben mucho más que yo sobre el tema. Sin embargo, para mí, el dictamen de Josef Quint es válido. Por otra parte, si el autor no es el Maestro Eckhart, se trata de alguien muy, muy cercano a él, pues el nexo de unión con el texto anterior es muy claro. Acerca de estos problemas de la autoría, voy a terminar con las sopesadas palabras de Maurice Walshe en su edición:

"Todo el mundo estará de acuerdo, sin embargo, que este trabajo [Del Desapego] presenta un tratamiento muy profundo de uno de los temas centrales de las enseñanzas de Eckhart".

Del Desapego o Distanciamiento

Durante mi vida he leído numerosos tratados de los maestros paganos de la antigüedad, de los profetas, y del Antiguo y Nuevo Testamento y he tratado con entusiasmo y diligencia de descubrir cuál es la virtud mejor y la más elevada por la que el ser humano pueda unirse firme y verdaderamente a Dios, y mediante la cual el hombre pudiese convertirse por la gracia divina en lo que Dios es por naturaleza propia, y mediante la cual, asimismo, la persona pueda arrimarse lo más cerca posible a la imagen cuando estaba en Dios[1], en donde no había diferencia alguna entre él y la Divinidad, antes que Dios crease las criaturas. Tras un estudio exhaustivo de estos escritos, creo, en la medida que mi razón puede percibirlo o testificarlo, que el desapego puro sobrepasa a todas las demás, ya que todas las virtudes mantienen cierta consideración por las criaturas, mientras que el desapego se halla totalmente libre de ellas. Por eso dijo Nuestro Señor a Marta «*unum est necessarium*» (Lucas 10, 42)[2], lo que quería significar: «Marta, quien desee ser sereno-a y puro-a solo necesita una cosa: desapego».

1. Se refiere a la idea platónica de cuando el hombre era una Idea en la mente Divina. Esta reflexión fue utilizada por Eckhart en dos Sermones suyos (que aparecen en DW de Quint).
2. 'Pero solo una cosa es necesaria'.

Los grandes maestros, como San Pablo, ensalzan el amor: «Por muchas cosas que pueda yo hacer, si no tengo amor, nada soy» (1 Corintios 13, 1). Pero yo elogio el desapego por encima del amor. En primer lugar, porque, a lo sumo, el amor me obliga a amar a Dios, pero el desapego coerce a Dios a amarme a mí. Pues bien, es mucho más noble que yo estreche a Dios a mí, que el hecho que yo deba constreñirme a amar a Dios; pues Dios está incomparablemente más dispuesto a adaptarse a mí, y puede fundirse conmigo más sencillamente que lo que yo pueda unirme con Él. Yo puedo probar que el desapego estrecha a Dios hacia mí por lo siguiente: todas las cosas desean ocupar el lugar natural que les corresponde. Pues bien, el lugar natural de Dios es la unidad y la pureza, y ambas emanan del desapego. Por lo tanto, Dios está forzado a darse a Sí mismo al corazón desasido[3].

En segundo lugar, ensalzo el desasimiento por encima del amor ya que el amor me obliga a sobrellevar todas las cosas por amor a Dios, mientras que el desapego me hace recibir la Divinidad únicamente[4]. Puesto que es más noble recibir solamente a Dios que sufrir las cosas por Dios; pues en el sufrimiento la persona tiene consideración por las criaturas por causa de las que sufre, mientras que el desapego se encuentra totalmente libre de ellas. Que el desapego recibe únicamente a Dios puedo probarlo de este modo: lo que sea que uno fuera a recibir, debe albergarlo en algún lugar. Pero ya que el desapego es tan casi nada, no existe nada suficientemente sutil como para mantenerse en él, excepto Dios. Es tan puro y sutil que Dios puede asentarse en el corazón libre de apegos. Por tanto, el desapego es el receptáculo solamente de Dios.

Asimismo los maestros elogian la humildad por encima de muchas otras virtudes. Pero yo glorifico el desapego sobre la

3. Idea presentada por Eckhart en el Sermón 73 de DW de Quint, y también en Pfeiffer.
4. Alternativa: 'mientras que el desapego me convierte en un receptáculo solo de Dios'.

humildad por esta razón: puede existir humildad sin desapego, pero el desapego perfecto no puede existir sin perfecta humildad, ya que la humildad termina en la destrucción del 'yo'. Pues ya que el desasimiento equivale a tan casi nada, entre él y nada, nada puede existir. Por consiguiente, el perfecto desapego no puede existir sin humildad. Pero al final, dos virtudes son mejor que una.

La segunda razón por la que enaltezco el desapego por encima de la humildad es porque 'humildad' quiere decir rebajarse uno por debajo del resto de criaturas y en ese humillarse, la persona se relaciona con las criaturas, mientras que el desapego solo se apoya en sí. Ninguna acción de salir hacia afuera puede ser tan noble como permanecer estable y quieto en la nobleza misma. Como dijo el profeta David: «*Omnis gloria eius filiae regis ab intus*» [Toda la gloria de la doncella proviene de residir en su interior] (Salmos 44, 14). Al perfecto desapego no le importa ni le incumbe hallarse por encima o por debajo de las criaturas; no desea estar ni por encima ni por debajo, desea permanecer solo, sin amar a nadie ni aborrecer a nadie, y no anhela ni la igualdad ni la desigualdad con las criaturas, no desea ni esto ni aquello: solo desea Ser. No obstante, no desea ser ni *esto* ni *aquello*, en absoluto quiere eso. Ya que quien desee ser esto o aquello quiere ser *algo*, mientras que por el contrario, el desapego no quiere ser nada. Por tanto no es una carga para nadie ni nada.

Y bien, alguien podría decir acerca de esto: «Bueno, pues la Virgen poseía todas las virtudes en grado sumo, de manera que debió tener desapego perfecto. Pero si usted dice que el desapego es más elevado que la humildad, ¿por qué entonces la Virgen María se glorificó en su humildad y no en su desapego pues dijo: "El Señor se inclinó a la pequeñez [humildad] de su esclava"?»[5].

Yo le respondería entonces que en Dios se hallan tanto el desapego como la humildad –en la medida que se puede predicar de Dios que posea virtudes–. Tendrías que saber que fue su

5. Lucas 1, 48.

amor por la humildad lo que hizo descender al Señor a tomar la naturaleza humana, mientras que el desapego permaneció inamovible en su interior cuando se hizo hombre, del mismo modo que lo hizo Dios cuando creó el cielo y la tierra, como diré más tarde. Y cuando nuestro Señor, cuando tomó la condición humana, se mantuvo inmóvil en su desapego, la Virgen María sabía que Él requería lo mismo de ella y entonces Dios se inclinó a su humildad y no hacia su desapego. Si acaso la Virgen hubiese pensado acerca de su desapego y hubiese dicho "Él se inclinó a mi desapego", el desasimiento hubiera quedado mancillado y ya no hubiera sido perfecto, ya que la acción lo hubiera manchado. Nada en absoluto, por minúsculo que sea, puede surgir del desapego sin que lo mancille. Pues esta es la razón por la cual la Virgen María se glorificó en su humildad y no en su desapego. En relación con esto, dijo el profeta: «Guardaré silencio y escucharé lo que el Señor dice en mi interior» (Salmo 84), que quiere expresar: "Si Dios desea hablarme, que entre en mi interior, porque yo no saldré de mí".

Así también yo ensalzo el desapego sobre la compasión, porque la misericordia no es otra cosa que la persona saliendo de sí por causa de las carencias del prójimo y, como consecuencia, el corazón del hombre se inquieta. Pero el desapego está libre de todo, permanece firme en sí y nada le importuna: porque mientras que alguna cosa o asunto importuna a una persona, no se encuentra en su estado apropiado. En resumen, cuando considero toda la gama de virtudes, no encuentro a ninguna de ellas tan completamente sin carencias y tan acorde con Dios como el desapego.

Dice un maestro de la antigüedad llamado Avicena [Ibn Sina] que la mente de la persona sin apegos posee tal nobleza que cualquier cosa que percibe es la verdad, obtiene cualquier cosa que desea y lo que ordena debe ser obedecido[6]. Y es absolutamente necesario que sepas esto: cuando la mente libre se encuentra sin

6. Ibn Sina: *Naturalium, LIber IV* (edición en latín). Indicación de Quint.

apegos de ningún tipo, fuerza a Dios hacia ella, y si ella fuese capaz de permanecer sin forma y liberada de lo que es accidental, entonces asumiría la verdadera naturaleza Divina. Aunque eso Dios no puede concedérselo más que a Sí mismo, por lo que a Dios no le queda otro remedio que darse a Sí mismo. Pero la persona que se halla estable en completo desapego queda extasiada y absorbida en la Eternidad, de modo que nada temporal puede afectarla; no es consciente de la corporeidad y decimos que está muerta al mundo[7], ya que no tiene apetencia de nada mundano. Esto quería expresar San Pablo cuando dijo: «Vivo y no vivo, mas es Cristo quien vive en mí» (Gálatas 2, 20).

Podrías ahora preguntar: ¿qué tiene el desapego que lo hace tan noble? Debes conocer que el verdadero desapego no es otra cosa que la mente permaneciendo inactiva e inafectada por todos los accidentes temporales –el gozo y la pena, el honor y el deshonor, fortuna y desgracia–, mientras ella [la mente] continúa como una montaña de plomo, imposible de mover por el viento más violento. Este inmutable desapego lleva al ser humano a su más alta semejanza con Dios. Pues Dios es la Divinidad por el desapego inmutable[8] y de este desasimiento germina Su pureza, Su humildad y Su inmutabilidad. Por lo tanto, si una persona desea parecerse a Dios –en tanto en cuanto una criatura puede tener similitud con Dios–, esa semejanza tiene por fuerza que provenir del desapego. El desapego atrae al hombre hacia la pureza, de la pureza hacia la sencillez y la humildad, y de ahí hacia la inmutabilidad; y es este proceso el que crea la semejanza entre Dios y la persona; y este proceso de similitud con Dios debe provenir de la gracia, puesto que la gracia arranca al hombre de las cosas temporales y lo purga de todo lo transitorio. Debes saber, además, que permanecer vacío de las criaturas equivale a estar pleno de Divinidad, y estar lleno de las criaturas es hallarse vacío de Dios.

7. Muerta para el mundo.

8. Me gustaría resaltar la importancia de esta breve frase.

Debes saber, así mismo, que Dios ha permanecido toda la Eternidad en ese estado de desapego inmutable y se halla en él todavía; además, tienes que saber que la Creación de todo el universo, el cielo y la tierra y todas las criaturas, afectaron a Dios tan mínimamente como si Él nunca hubiese engendrado las criaturas. Diré aún más: todas las oraciones y las buenas obras que la gente ha podido realizar en el transcurso del tiempo, han afectado a Dios tan mínimamente como si nunca hubieran ocurrido en el tiempo y digo que Dios está siempre dispuesto a ayudar al hombre, como si este nunca hubiera orado o realizado buenas obras. Todavía tengo que añadir: cuando el Hijo (en la Divinidad) quiso hacerse hombre y así en su forma humana sufrió martirio, incluso *Eso* afectó al desapego inmutable de Dios tan mínimamente como si el Hijo nunca se hubiera hecho hombre. En esta tesitura podrías replicar: "entonces estoy escuchando que todas las plegarias y todas las buenas obras no sirven porque Dios no permite que le afecten esas cosas, y, sin embargo, se dice que Dios quiere que le roguemos y oremos".

Escucha con mucha atención y trata de entender, si puedes, que Dios en su primera mirada en la eternidad –en la medida que puede pensarse que Dios dio una primera mirada– vislumbró cómo iban a suceder todas las cosas y en ese primer vistazo contempló cuándo y cómo iba Él a crear las criaturas y vio al Hijo hacerse hombre y sufrir por ello; y vio también todas las oraciones (hasta la más pequeña y frágil) y la devoción y todas las buenas obras que los seres humanos iban a realizar y contempló a la vez a cuáles de ellas iba Él acceder y escuchar; vio cómo mañana tú rezarás anhelosamente pero Dios no accederá a tus peticiones el día de mañana porque Él ya respondió y concedió Su don en la Eternidad, antes que tú fueras hombre o mujer. Pero aun si tu rezo no es sincero y vehemente, Dios no te lo va a negar *ahora*, pues ya rehusó a hacerlo en la Eternidad.

El Dios Eterno contempló todas las cosas en su primera mirada y no lleva nada a cabo nuevamente, pues todo fue realizado antes.

De este modo se mantiene Dios en Su inmutable desapego y, sin embargo los ruegos y las obras buenas de la gente no se van al traste, porque las buenas acciones serán recompensadas y quien actúa mal cosechará en la misma medida. San Agustín lo explica así en la parte final del libro quinto de '*Sobre la Eternidad*': «Dios nos libre de quien diga que Dios ama en el tiempo, puesto que para Él no hay pasado ni futuro y Él ya amó a los santos antes que el mundo fuese creado, como Él lo previó. Y cuando llega a ocurrir que Dios exhibe en el tiempo lo que Él contempló en la eternidad, la gente cree que Dios los ama en ese momento; y lo mismo ocurre con el enojo divino, pues somos nosotros los mortales los que hemos cambiado mientras Él permanece inmutable, del mismo modo que ocurre con los rayos del sol, que deleitan a quien tiene buena vista y dañan a quien tiene un ojo delicado, aunque la luz del sol se mantenga inalterable». Y el mismo San Agustín incide sobre esta misma idea en el capítulo cuatro del libro XII de '*Sobre la Eternidad*': «Dios no percibe en la temporalidad y ninguna visión nueva le surge a Él». Con el mismo sentido habla San Isidoro en su texto *Del bien sublime*[9]: «Mucha gente pregunta: ¿qué hacía Dios antes de crear cielo y tierra y de donde surgió la voluntad divina para crear las criaturas?». Responde San Isidoro: «En Dios no surgió una nueva voluntad, ya que aunque las criaturas no existían en sí (a diferencia de ahora), esa voluntad ya estaba en Dios y en Su mente antes del tiempo». Tampoco Dios creó el cielo y la tierra como nosotros, los mortales, nos imaginamos: "Que sean creados", puesto que todas las criaturas fueron creadas en la Palabra Eterna[10]. Podemos añadir lo que el Señor Dios dijo a Moisés cuando este preguntó: «Elohim, si el Faraón me preguntase quién eres, ¿cómo debo responder?». A lo que Dios contestó: «Soy el que Soy, Él me ha enviado» (Éxodo 3, 13-14); lo que equivale a decir: Quien es inmutable en Sí mismo me ha enviado.

9. En su libro *Sentencias I,* capítulo 8.
10. Quizás: *con* la Palabra Eterna.

Sin embargo, alguien podría objetar: "¿Se encontraba Cristo en el estado de desapego inmutable cuando dijo «Mi alma está muy afligida, hasta el punto de la muerte»[11] y era ese también el estado de la Virgen María al pie de la cruz? ¿Es esto compatible con el desapego inmutable?". En relación a esto, se debe conocer lo que nos dijeron los maestros: que en cada ser humano existen dos personas. Una es llamada el "hombre exterior", es decir, la vida de los sentidos; esta persona se sirve sobre todo de los cinco sentidos corporales, aunque funcione con el poder del espíritu. El otro es llamado "el hombre interior", es decir, la naturaleza interna de la persona[12]. Se ha de comprender que la persona espiritual, que ama a Dios, utiliza los poderes del alma en el hombre exterior solamente en cuanto es necesario para que los cinco sentidos funcionen: la naturaleza interna no se implica con los cinco sentidos corporales excepto a fin de guiarlos, y también con el fin de controlarlos para que no cedan a los objetos de los sentidos de un modo brutal, como caen algunas personas que solo viven para los placeres carnales, igual que animales desprovistos de raciocinio; a estas gentes habría que llamarlos animales o bestias más que personas. Y los poderes que restan al espíritu tras lo que cede a los cinco sentidos se dedican a la persona interior, y entonces se dice que la persona está insensible a los sentidos o en trance; en ese estado su objeto es una imagen inteligible o bien, se trata de algo inteligible sin imagen[13]. Deberías saber también que Dios requiere del hombre espiritual que ame la Divinidad con todas las potencias del espíritu, pues dice: «Ama a tu Dios con todo tu corazón»[14]. Ahora bien, alguna gente agota todas

11. Marcos 14, 34 y Mateo 26, 38.
12. Como habrán visto, este tema fue tratado largo y tendido por Eckhart en el tratado anterior: 'De la Nobleza espiritual'.
13. Quint señala que aquí Eckhart está siguiendo los diferentes grados de absorción espiritual según lo expuesto por Santo Tomás de Aquino en su '*De Veritate*'.
14. Varias citas bíblicas: Deuteronomio 6, 5; Mateo 22, 37; Marcos 12, 30 y Lucas 10, 27.

las potencias del alma en el hombre exterior. Esta gente dirige los sentidos y la razón superior hacia los bienes temporales y terrenos, dejando de lado al hombre interior.

Asimismo deberías saber que la persona exterior puede llevar a cabo las acciones mientras el hombre interior queda libre de la actividad y no es perturbado por los actos. También Jesucristo poseía una persona exterior y una persona interior, al igual que la Virgen María, y lo que Cristo y la Virgen dijeron sobre las cosas externas, lo expresaron de acuerdo a la persona externa, mientras que su persona interna permanecía en el desapego inmutable. Así hay que entender las palabras «Mi alma está muy afligida, hasta el punto de la muerte» y así hay que comprender que si bien la Virgen se lamentó al pie de la cruz, o cualquier expresión que ella dijese, en su interior ella permanecía en el estado de desapego inmutable. Voy a ofrecer una analogía para aclararlo: la puerta se abre y se cierra por la acción de las bisagras. Pues la capa externa de madera en la puerta sería la persona exterior y la bisagra correspondería a la persona interior. Al cerrar y abrir la puerta, las láminas de madera se mueven hacia adelante y hacia atrás, mientras que el gozne está quieto y nunca se mueve de su lugar. Si lo comprendes correctamente, lo mismo ocurre con la persona exterior e interior.

Si preguntásemos "¿cuál es el objeto[15] del desapego inmutable?", mi respuesta sería que el objeto del desapego puro no puede ser *esto* ni *aquello*. Su objeto no es absolutamente nada, déjenme decirles por qué: el desapego puro descansa en lo más elevado, reside en lo sublime, donde Dios ejerce toda Su voluntad. Pero Dios no puede ejercitar Su voluntad en todos los corazones a la vez, pues aunque Dios es todopoderoso, Él actúa solamente allí

15. Usado aquí en su sentido filosófico (o escolástico): o sea, el término o fin de cualquier relación o actividad; aquello hacia lo que se dirige o lo que denota.

donde encuentra una buena disposición[16] o donde la crea. Añado este segundo término "donde la crea", a causa de lo que le sucedió a San Pablo, pues en él Dios no encontró una disposición abierta, sino que la creó al infundirle Su gracia. Así pues, afirmo que Dios trabaja y actúa en la medida que nos encuentra preparados. Su acción es diferente en el hombre y en la piedra. Voy a ofrecer un ejemplo tomado de la madre naturaleza. Si calentamos un horno de panadería y metemos en él masas de avena, cebada, centeno y trigo, el mismo calor actúa sobre las diferentes masas, pero no tiene el mismo efecto sobre cada una de ellas: en un caso el resultado es un buen pan fresco, en otro un pan de masa más basta, en el otro, una masa más dura, etc. El resultado no es culpa del calor del horno, se debe a que los materiales son diferentes. Del mismo modo, Dios no procede de igual manera en todos los corazones: actúa según encuentra disposición y receptividad en ellos. Ahora bien, en cada corazón particular existe *esto* y *aquello*, [es decir, especificidades] y puede haber un algo específico que Dios no pueda elevar al nivel supremo. Y, por lo tanto, si el corazón ha de estar dispuesto a recibir lo sublime, no debe apoyarse en absolutamente nada, y en ello[17] reside la potencialidad más alta que pueda existir. Tomemos otro ejemplo de la vida diaria: si yo quiero escribir en un pizarrín que está lleno de notas, lo escrito allí me impide escribir lo mío; si deseo escribir mi texto, tendré que borrar lo que ya estaba escrito, y por eso, la pizarra o pizarrín, cuando más me sirven es cuando están completamente vacíos. Del mismo modo, si Dios ha de escribir lo más sublime en mi corazón, debo yo eliminar y borrar todo lo específico (esto y aquello) y entonces mi corazón se hallará vacío en el desapego. Es *entonces* cuando Dios puede infundir en él lo sublime según Su voluntad. Por lo tanto, el objeto de un corazón desasido nunca es *esto* y *aquello*, nunca es lo específico.

16. O una disposición abierta.
17. Es decir, en ese vaciarse.

Si de nuevo me preguntasen: "¿cómo reza un corazón desasido de todo?", yo respondería que el desapego y la pureza[18] no pueden orar, ya que quien reza quiere que Dios le otorgue algo, o si no, desea que Dios le quite algo a él/ella [pesares etc.]. Pero un corazón desapegado no desea nada, ni tiene nada de lo que necesita que le despojen. Por tanto, está libre de plegarias, o si reza, su oración es un simple fundirse en la uniformidad Divina. Esa es su única oración. Así hay que entender el comentario de San Dionisio acerca de San Pablo: «Muchos son los que corren tras ella, pero solo uno se lleva la corona» (1 Corintios 9, 25). Todas las potencias del espíritu luchan por la corona pero solo la esencia del alma la consigue. Dionisio añade que la "carrera" es alejarse de las criaturas para llegar a unirse con lo increado[19]. Y cuando el alma llega tan lejos de sí, pierde su nombre y es atraída hacia Dios, en donde se convierte en nada, del mismo modo que el sol hace suya la luz del alba y la absorbe hasta que desaparece. Nada puede transportar a la persona hasta ahí excepto el desapego puro. Aquí quisiera aducir un pertinente comentario de San Agustín: «El alma posee una entrada secreta a la naturaleza Divina, cuando todo se convierte en nada para ella»[20]. Aquí en la tierra, esta entrada no es otra que el desapego puro y cuando el desasimiento llega a su grado más alto, se hace ignorante con el saber, frígido con el amor y oscuro con la iluminación[21]. Con esto en mente podemos entender las palabras de un maestro: que los pobres de espíritu son los que dejan todo en manos de Dios, en el mismo estado de antes que nosotros existiésemos. Nadie puede realizar eso excepto un corazón desasido.

18. O la perfección.

19. Dionisio Areopagita: *De Divinis nominibus,* 4.9. Lo señala Quint quien a su vez lo tomó de una indicación de Fischer.

20. Nadie ha podido rastrear esta cita directamente en los escritos de San Agustín.

21. ¡Qué pasaje tan bello!, no puedo evitar decir.

Si me preguntaran: "¿qué espera Dios de las cosas [y las personas]?", yo diría que Dios prefiere mucho más vivir en un corazón desasido que en ningún otro y, respondería también, haciéndome eco del *Libro de la Sabiduría,* donde Él dice: «En todas las cosas busco el descanso» (Eclesiastés 24). Pero ese descanso no puede hallarse en ninguna parte excepto en un corazón libre de apegos. Esa es la razón por la cual Dios prefiere morar allí más que en ninguna de las otras virtudes y más que en ningún otro lugar. Se debe saber, además, que cuanto más se esfuerza la persona por hacerse receptiva al influjo divino, más bendito se torna uno; y quien logre el estado de más alta disposición, logra la más alta bienaventuranza. Sin embargo, nadie puede volverse receptivo al influjo de Dios si no es fundiéndose en la uniformidad divina; y en tanto el hombre es uno con Dios, así es receptivo a la influencia divina. Pero esa uniformidad con Dios proviene de someterse el hombre a la Divinidad, y, por el contrario, cuanto más se somete el hombre a las criaturas, más lejos se halla de la uniformidad con Dios. Está claro que el corazón libre de apegos está emancipado de todas las criaturas; por lo cual, está absolutamente subordinado a Dios y, por tanto, se encuentra en la más alta uniformidad con Él y así, en el mayor grado de receptividad al influjo divino. Eso quería expresar San Pablo cuando dijo: «Vestíos de Cristo»[22], significando ser uno con Jesucristo. Debéis saber que cuando Cristo se hizo hombre, él adoptó la naturaleza humana, no la de la persona. Por consiguiente, líbrate de todas las cosas y entonces quedará aquello que Cristo adoptó y así te habrás "vestido de Cristo".

Quien desee conocer la nobleza y los beneficios del perfecto desapego, que preste mucha atención a las palabras de Jesucristo en relación a su humanidad, cuando reveló a sus discípulos: «Os conviene que yo me vaya, porque si me no me voy, el Espíritu Santo

22. La cita es de Romanos 13, 14: 'Mas vestíos del Señor Jesucristo, y no proveáis para satisfacer los deseos de la carne'.

no vendrá a vosotros» (Juan 16, 7)[23]. Lo que estas palabras quieren expresar es: "os deleitáis demasiado en la forma presente y, por tanto, el gozo perfecto del Espíritu Santo no puede estar en vosotros". Así pues, abandonad toda imagen y fundíos con la Esencia sin forma, porque el consuelo Divino es muy sutil y por eso, Dios no se ofrece sino a quien desprecia las comodidades en el plano físico.

¡Prestad especial atención ahora, toda la gente sensata! Nadie es más feliz que quien tiene el despego más grande. Es imposible que exista bienestar corporal o físico sin causar daño al plano espiritual, puesto que «la carne tiene deseos contrarios a los del espíritu, y el espíritu a los de la carne, y estos se oponen entre sí» (Gálatas 5, 17). Por lo tanto, quien siembre amor lujurioso en la carne, cosechará la muerte y quien siembra amor puro en el espíritu, cosecha la Vida Eterna espiritual. Por consiguiente, cuanto antes huyas de lo creado, más rápido vendrá a ti el Creador. Así que, ¡tomad buena nota, gente sensata! Puesto que el gozo que podríamos lograr de la forma física de Cristo nos impide recibir al Espíritu Santo, cuánto más nos lo impedirá el goce desenfrenado en el bienestar temporal y efímero. Esta es la razón por la que el desapego es la mejor virtud, pues purifica el alma, depura la consciencia, aviva el corazón, acrecienta el entusiasmo, nos hace conocer a Dios, nos aleja de las criaturas y nos une a/con Dios.

¡De nuevo, tomad buena nota! El caballo[24] más veloz que puede llevarte a la perfección Divina es el sufrimiento, pues nadie gozará más de la dicha eterna que quienes acompañan a Jesucristo en la mayor aflicción. Nada es tan amargo como el sufrimiento, nada es más dulce que haber sufrido [por Dios]. Nada deforma y desfigura el cuerpo humano ante los demás como el sufrimiento;

23. Veamos esta cita en una versión moderna: 'Pero os digo la verdad: os conviene que yo me vaya; porque si no me voy, el Dios Consolador no vendrá a vosotros; pero si me voy, yo os lo enviaré'.
Esta cita y el argumento alrededor de ella, la utilizó también Eckhart en el Sermón 75, en la edición clásica de Pfeiffer.

24. Ahora, en 2024, el coche o automóvil más rápido.

nada lo hace más hermoso ante Dios como el hecho de haber sufrido. El cimiento más firme sobre el que se puede apoyar la perfección es la humildad. Y cuando la naturaleza humana baje hasta el nivel más ínfimo, el espíritu del hombre volará alto hasta las alturas de la Divinidad, pues el goce trae penas y las penas, gozo. Así pues, quien desee lograr el perfecto desapego deberá esforzarse en la humildad perfecta y así alcanzará la cercanía con Dios. Que sea esta la suerte que nos acompañe a todos y que el desapego más elevado –que es la Divinidad misma– nos ayude a ello.

AMÉN, así sea.

Títulos recomendados

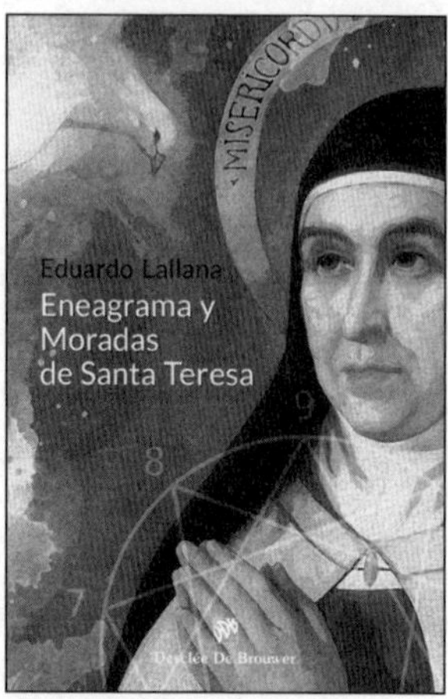

Eduardo Lallana

Eneagrama y Moradas de Santa Teresa

Este libro relaciona las enseñanzas del Eneagrama y los contenidos y orientaciones que Sta. Teresa nos enseña en su obra Las Moradas del Castillo Interior. Ambos sistemas son una guía para el desarrollo de las personas hacia su plenitud humana y espiritual.

Se destaca la necesidad de diálogo entre estos dos modelos, las diferencias y coincidencias de fondo hacia la Unión, hacia la Plenitud. Para ambos es fundamental el autoconocimiento, la desidentificación del ego y el cultivo de las grandes virtudes, según Sta. Teresa: el desasimiento, la humildad y el amor, para llegar a la experiencia de Unidad o el matrimonio espiritual en la 7ª Morada de Teresa.

Al final el autor presenta su visión de las virtudes e ideas santas del Eneagrama (que él llama también sabias, sanas y solidarias), relacionándolas con las Moradas.

Querido lector, si eres un buscador, si procuras la transformación personal y social, si acompañas en ese mismo caminar a otros buscadores, creyentes o no, este libro es para ti.

Colección: Caminos
ISBN: 978-84-330-3269-0
Páginas: 248
Encuadernación: Rústica
Formato: 14 x 21 cm
Edición: 1ª

Philip Sheldrake

Un mundo transfigurado

El viaje místico

En una época en la que el cristianismo institucional experimenta un notable declive en Occidente, la mística emerge como un fascinante foco de espiritualidad que trasciende las barreras religiosas tradicionales. *Un mundo transfigurado* nos invita a explorar este renovado interés por la dimensión mística de la fe, presentando un enfoque accesible y estimulante que cautivará tanto a los lectores académicos como al público general.

Sheldrake no se limita a la mística cristiana, sino que incorpora influencias de otras tradiciones espirituales como la judía y la sufí, destacando la interconexión entre diversas prácticas religiosas. Citando al gran teólogo Karl Rahner, sostiene que «el cristiano del futuro será un "místico", es decir, alguien que ha experimentado "algo", o no será nada».

A través de cinco dimensiones de la mística, nos presenta un tapiz de experiencias que se integran en la vida diaria y afectan nuestras creencias, sean religiosas o seculares, invitándonos a trascender lo tangible y a profundizar nuestra comprensión del mundo y de nosotros mismos. Con un análisis profundo de las raíces y la continua relevancia de la mística, Sheldrake nos guía en la búsqueda de una experiencia espiritual auténtica y transformadora.

Colección: Biblioteca Manual Desclée

ISBN: 978-84-330-3247-8

Páginas: 416

Encuadernación: Rústica con solapas

Formato : 15 x 23 cm

Edición: 1ª

Carlos Domínguez Morano

Tres mujeres judías repiensan a Dios

Edith Stein, Simone Weil y Etty Hillesum

Edith Stein, Simone Weil y Etty Hillesum son tres mujeres judías, víctimas del Holocausto que, por caminos muy diferentes, pero con el mismo origen étnico y final trágico, nos aparecen como testigos de una fe inquebrantable y de unos procesos de transformación personal absolutamente únicos.

En la presente obra se procura un acercamiento a ellas que,eludiendo tentaciones hagiográficas, intenta poner de manifiesto cómo esos procesos de transformación personal y de conversión a la fe traen consigo un obligado replanteamiento de la imagen de Dios. Tras el final trágico de las tres, víctimas de una exaltación fanática del poder nazi, ya no era posible seguir pensando a Dios en la clave del omnipotente. El poder se ha manifestado con toda su fuerza mortífera y Dios, entonces, tan solo cabe ser concebido como un amor que se ofrece y que se puede ver reducido a la más extrema debilidad.

El Dios crucificado de Edith Stein, el Dios desdichado de Simone Weil y el Dios indefenso de Etty Hillesum se nos presentan así como un modo de reconducirnos al Dios manifestado en Jesús, cuyo único poder es el del amor que se expone y no el del poder que se impone.

A LOS CUATRO VIENTOS

Últimos títulos publicados

93. *Felicidad tóxica. El lado oscuro del pensamiento postivo,* Rafael Pardo (2ª ed.)
94. *Duelo digital y coranavirus,* José Carlos Bermejo
95. *Encuentros con el silencio,* Julio Zarco Rodríguez
96. *Metáforas para la consciencia,* Pepa Horno - Ilustraciones Zaida Escobar (2ª ed.)
97. *Dar gracias. Oraciones para humanizar la cotidianeidad,* José Carlos Bermejo
98. *Humanizar. Humanismo en la asistencia sanitaria,* José Carlos Bermejo, María Pilar Martínez, Marta Villacieros
99. *El mundo en que vivimos. La conciencia y el camino del alma,* Wilfried Nelles
100. *Humanizar la soledad. Comprenderla y acompañarla,* C. Santamaría, J. C. Bermejo
101. *Un camino sin atajos. Duelo por el suicidio de un ser querido,* Alejandro Rocamora Bonilla (Dir.)
102. *El sanador herido. Humanizar las relaciones de ayuda,* José Carlos Bermejo
103. *Profundidad humana, fraternidad universal. La espiritualidad no-dual,* Enrique Martínez Lozano
104. *El ser humano, un ser espiritual,* Javier Urra (2ª ed.)
105. *La vida de Jesús y sus enseñanzas,* Manuel Segura
106. *Mindfulness para cristianos,* Rafael Pardo
107. *Oraciones para humanizar cada día,* José Carlos Bermejo
108. *El arte de mirar y escuchar desde el Corazón,* José María Toro
109. *Gratitud,* Rafael Redondo
110. *Escucha y consuelo. La palabra que sana,* José Carlos Bermejo
111. *Declive de la religión y futuro del evangelio,* José María Castillo (2ª ed.)
112. *Motivación y salud,* José Carlos Bermejo
113. *Pérdidas y comprensión ¿Cómo vivir los duelos?,* Enrique Martínez Lozano (2ª ed.)
114. *En tus manos encomiendo mi espíritu. Tu cayado me acompaña,* Rafa Redondo
115. *Mujeres sacerdotes, ¿cuándo? Diálogos en torno al sacerdocio de las mujeres,* Mª José Arana (2ª ed.)
116. *La vida íntima,* Javier Urra
117. *Cuando muere la persona amada*, Enrique Martínez Lozano
118. *Un resplandor inesperado. Relatos de transformación espiritual basados en hechos reales*, Ricardo Fernández Aguilà
119. *Acoger al niño o niña interior. Reconectar con el propio valor y la propia bondad,* Enrique Martínez Lozano
120. *Profesionales compasivos. La aceptación incondicional en las relaciones de ayuda*, Ana Martínez-Cuevas, José Carlos Bermejo y Pilar Barreto Martín
121. *Meister Eckhart. El libro del consuelo y conforte Divino*, José Carte